日本人として知っておきたい

皇室の祈り

伊勢雅臣
国際派日本人養成講座・編集長
Ise Masaomi

育鵬社

まえがき

■日本人の利他心は国民性■

東日本大震災では、困難な状況にも屈せずに節度をもって行動する被災者たちの姿が世界中に報道されて感動を呼びました。様々なエピソードが紹介される中で、私がもっとも感銘を受けたのは、次の逸話でした。

（百田尚樹氏）東日本大震災の時に見せた日本人の秩序正しさやモラルの高さに、世界中が驚愕しました。これは知人から聞いた話ですが、救援物資をヘリコプターで被災地に届けた米軍の女性パイロットは、着地が非常に恐ろしかったというのです。なぜなら、どこの国でもヘリコプターに人がワーっと殺到して大混乱が起き、奪い合いになって身の危険を感じることがよくあったからです。

日本の被災地でもそうなると覚悟して着地したのですが、近づいてきたのは代表者である初老の紳士一人、そして丁寧に謝意を述べ、バケツリレーのように搬入していいでしょうか、と許可を取って整列し、搬入が始まった。すると途中で、「もうこれでけっこうです」とその紳士は言ったそうです。パイロットは驚いて「なぜですか？」と尋ねると、「私たちはもう十分です。同じように被災されている方々が待つ他の避難所に届けてあげてください」と言った。

そのパイロットは、礼儀を重んじ、利他の精神で行動する日本人の姿に感動し、生涯忘れないと知人に語ったそうです。これが日本人です。本当に素晴らしい国だと思います。

（櫻井よしこ・百田尚樹著「日本のメディアは中・韓の『工作員』か」『ＷｉＬＬ』平成二六年三月号より）

私自身も、欧米で合計一一年間暮らし、アジア、南米、アフリカなどを含め三〇か国を訪問した経験から考えると、日本人の利他心は世界でも最高のレベルにあると感じます。

もちろん外国でも一部のエリートや聖職者などは崇高な利他心で行動している姿を見ます

が、こと一般国民まで高いレベルの利他心を持っているという点では、わが国は世界でも群を抜いているのではないか、と思います。外国からきたお客さんからも、何度も同様の感想を聞きました。利他心は日本の国民性と言っても大げさではないと思います。

拙著『世界が称賛する 国際派日本人』（育鵬社刊）では、国際的に称賛されている日本人たちをとりあげましたが、その中でイラク支援活動を行った自衛隊を紹介しました。

外国の場合は、イラク人作業者に作業を命ずると、彼らだけを働かせるのだが、日本では幹部自衛官でも、彼らと一緒になって、ともに汗を流した。

宿営地の鉄条網整備の際には、日本人二、三人とイラク人七、八人がチームをつくり、有刺鉄線で服はボロボロ、体中、血だらけ汗まみれになりながら作業を続けた。昼食は分け合い、休み時間には会話本を指差しながら、仕事の段取りについて話し合う。

いったん意気に感じると、とことん尽くすのがアラブの流儀だ。終業時間の五時を過ぎても、まだ隊員と一緒にブルドーザーに乗って働いているイラク人の作業者もいた。

（「サマーワにかけた友情の架け橋——自衛隊のイラク支援活動」前掲書より）

イラクでは約三〇か国の軍隊が支援活動を展開しましたが、その中でも日本の自衛隊の活動は、現地の住民たちからも高く評価され、支援期間が終わりに近づくと、一五〇人ものデモ隊が詰めかけ、「日本の支援に感謝する」「帰らないで」と叫んだとのことです。この前代未聞のデモに英・米・オランダの部隊も驚いて、矢継ぎ早の問い合わせがきたそうです。

■「利他心は伝染する」■

このエピソードで興味深いのは、自衛隊員たちがイラク人作業者と一緒に汗を流すと、「終業時間の五時を過ぎても、まだ隊員と一緒にブルドーザーに乗って働いているイラク人の作業者もいた」という点です。自衛隊員たちの持つ利他心が、イラク人作業者たちの利他心に火をつけたのです。「利他心は伝染する」ということが、この事例から推察できます。

『世界が称賛する 国際派日本人』の現代の章では、もう一人、利他心に満ちた方が登場します。皇太子殿下《こうたいしでんか》です。皇太子殿下は国連の「水と衛生に関する諮問委員会」の名誉総裁をお務めになり、毎年のように世界の水問題に関わる国際会議で講演をされています。

日本のジャーナリストが、水問題の海外の専門家に「海外での殿下の評価はどうか」と質問したところ、「どうしてそんな質問をされるのか。それは愚問というものだ。殿下の高い評価は言わずもがな。日本人だけが知らないのでは」と、やり込められる場面があった。（同前）

太平洋地域の水問題の専門家たちがバスで東宮御所を訪問した際、帰路には「我々はもっともっと頑張らなければならない」と大変盛り上がったそうです。「水と衛生に関する諮問委員会」委員の尾田栄明《おだひであき》氏は次のように語っています。

勿論、殿下からあれをやろう、これをやろうと言われるわけでは全くないのですが、殿下とお話をさせていただく中で、皆の胸中にある意欲や想いがかき立てられていくという感じなのです。

（『皇太子殿下――皇位継承者としてのご覚悟』明成社編より）

殿下が、世界で水不足に苦しむ人々をなんとかしたいというお気持ちをもって専門家たちの意見を聞かれていくと、殿下の利他心によって彼らの「胸中にある意欲や想いがかき立てられ」、彼ら自身の利他心に火がついて、「我々はもっともっと頑張らなければならない」と意欲を燃やしたのではないかと推察します。

もちろん専門家たちの間では、水問題をどう解決するかに関して意見の対立もあるかもしれません。しかし手段においては対立があっても、水不足に苦しむ人々を何とかしたいという利他心を共有することによって、専門家たちは連帯することができます。殿下の利他心こそ、彼らの連帯の中心にあるものでしょう。それを彼らが感じとっているからこそ、殿下に名誉総裁を長年、お願いしているのだと拝察します。

■利他心を中核とする共同体■

ある共同体の中心に利他心に満ちた人がおり、その人は「あれをやろう、これをやろう」とは言わないが、共同体全体の幸福をひたすら祈っている。その利他心が周囲の人々に伝染して、それぞれが自分の持ち場で共同体の幸福のために尽くす。これはまさしく日本国の構造そのものではないでしょうか。

代々の皇室がひたすら国民の幸せを祈り、その利他心が多くの国民に伝染して、それぞれの人がそれぞれの場で、他の人々のために尽くす。それがわが国の姿だったのではないか、と私は考えています。そして日本国民が強い利他心を持っているという国民性も、この国の形から生まれてきているのではないでしょうか。

これは一つの仮説ですが、それが成り立つのかどうか、これから史実をたどって検証していきましょう。

以下は、歴代の天皇陛下《てんのうへいか》、皇后陛下が国民の幸せをどう祈り、また国民の側がその祈りにどう応えてきたか、という観点から、わが国の歴史をたどったものです。

平成二九年一二月二三日

今上《きんじょう》陛下のお誕生日を祝う一般参賀者数が平成で最大となったとのニュースを嬉しく聞きながら

伊勢 雅臣

日本人として知っておきたい　皇室の祈り　目次

まえがき　3

第一章　平成の祈り

被災者を明るく変えた両陛下のお見舞い　15
両陛下の祈りが国を元気にする――平成の国見　29
沖縄の地に心を寄せ続けた陛下　41
「心を寄せる」ということ　56
皇室という「お仕事」――紀宮さまの語る両陛下の歩み　68

第二章　荒海の中の祈り

昭和天皇の御聖断　83
香淳皇后――昭和天皇を支えたエンプレス・スマイル　99
大正天皇と「平和大国日本」のビジョン　112
貞明皇后――暗き夜を照らしたまひし后ありて　124
明治天皇と日露戦争　136
昭憲皇太后と"Empress Shoken Fund"　152
孝明天皇の闘い――澄ましえぬ水にわが身は沈むとも　166
光格天皇――明治維新の基を築いた六二年の治世　178

第三章　祈りの源流

聖なる祈りの継承　193

「おおみたから」と「一つ屋根」――建国の祈り　206
「鏡」の象徴するもの　213
あとがき　230

装幀――村橋 雅之

本文中に、現代では不適切な表現、あまり使わない表現もありますが、史実を踏まえ、当時の表記に則って掲載しています。

17・24・28頁掲載の写真は日本雑誌協会代表取材による。

第一章　平成の祈り

これから「皇室の祈り」とはどのようなものかを考えていくのに際し、まずは今《きん》上《じょう》陛下《へいか》、皇后《こうごう》陛下の具体的なお振舞いと、それに国民がどう応えたのか、という事実から見ていきましょう。それは我々の眼前に展開された光景です。

被災者を明るく変えた両陛下のお見舞い

「避難所がふわっとあたたかい空気に包まれたあの瞬間を一生忘れません」

■1．「両陛下と同じ場所にいるだけで、温かなオーラに包み込まれているような」■

東日本大震災から四八日目の平成二三（二〇一一）年四月二七日、天皇皇后両陛下は宮城県の南三陸町と仙台市へのお見舞いをされた。

これまで現地の救援活動に支障が出てはと、東京や埼玉県、千葉県、茨城県に避難した被災者のお見舞いに留めていた。この日、ようやく東北の地に入られたのだった。それも地元への負担をかけないよう自衛隊航空機で日帰り往復するという強行軍だった。

南三陸町では町立歌津《うたつ》中学校に避難している被災者たちを、お見舞いされた。同中学校教諭・佐々木しげ美さんは、次のような感想をもらしている。

〝生徒をお導きいただきありがとうございます〟というお言葉に大変勇気づけられました。

天皇・皇后両陛下の優しいお心遣いを肌で感じました。避難所がふわっとあたたかい空気に包まれたあの瞬間を一生忘れません。
(『皇室の20世紀』編集部編『天皇皇后両陛下 被災地の人々との心の対話――東日本大震災-8 5日 希望の記録』小学館より)

ご案内した南三陸町の佐藤仁《じん》町長もこう語っている。

町民のみなさんの中には、家だけでなく家族を失った人も多く、外から見ただけでは計り知れないほど深く傷ついていた。そんな中での天皇皇后両陛下のご来訪は、どれだけ私たちの励みになったことか。町民のみなさんがあんな笑顔を見せたのは震災後初めてでした。不思議なことに、両陛下と同じ場所にいるだけで、温かなオーラに包み込まれているような感覚があるのです。両陛下のご存在は、それだけで大きなものなのだと感じました。(同前)

佐々木しげ美さんが「ふわっとあたたかい空気に包まれた」と言い、佐藤町長が「温かなオーラに包み込まれているような感覚」と呼ぶのは、何なのだろうか。

南三陸町立伊里前小学校の校庭から、津波で被害を受けた市街地に向かって黙禱される両陛下

避難所の南三陸町立歌津中学校の体育館で、行方不明の孫の写真を差し出した被災者とお話しになる天皇陛下

■2.「みなさん、自分の気持ちをきちんと受け止めていただいた」■

両陛下は南三陸町のあと、自衛隊ヘリで仙台市宮城野体育館に移動された。そこで、お見舞いいただいた被災者は、次のような声を残している。

皇后様の方から…
「お子様の命を守られたんですね」と声をかけていただきました。
私たち家族は、家も車もすべて流されました…でも皇后様に言われたように家族の命はみな無事でした。
今を生きるだけです。

宮城県仙台市　松本まゆみさん（四〇歳）、未歩ちゃん（三歳）

父は天皇皇后両陛下に亡き妻の写真を手に取って見て頂いてから、その写真を宝物のように大事にラップをかけて、毎日眺めております。本当にお忙しい中、お見舞いしていただき、うれしく思っております。父の代わりに代筆しました。

宮城県仙台市　赤間憲さん（七〇歳）、娘・利加

（『皇室の20世紀』編集部編『天皇皇后両陛下 被災地の人々との心の対話――東日本大震災70

4日 明日への記録』小学館より）

お見舞いに付き添った仙台市・奥山恵美子市長は、こう語っている。

被災した人々におことばをかけられる両陛下を間近にし、被災者がつらい現実を両陛下に訴える場面も見ましたが、両陛下は、そのお尋ねをしっかり受け止めながらも、決して気休めはおっしゃらない。でも、必ずその方の心が落ち着くようなおことばをかけられる。一人ひとりは決して長い時間ではありませんが、みなさん、自分の気持ちをきちんと受け止めていただいたと思っているのが、その場にいてよくわかりました。これはもう、ご経験とお人柄による〝人間力〟の大きさと言えるでしょう。

（『皇室の20世紀』編集部編『天皇皇后両陛下 被災地の人々との心の対話――東日本大震災ー85日 希望の記録』小学館より）

■3.「亡くなったお子さんは、必ず御母様のことを見守ってくれています」■

震災から二か月後の五月一一日には福島県の福島市と相馬市をお見舞いされた。太平洋に面している相馬市は、死亡・行方不明四八四名、家を流された人約五千名という大きな被害を受けた。また福島第一原発から半径四五キロ圏内にあり、「計画的避難区域」に指定されている南相馬市などから避難してきた住民もいた。

相馬市立中村第二小学校の避難所で、小学六年生の長女と一年生の長男を津波でなくし、六歳の次男と避難所で暮らしていた三二歳の女性が、前年に撮影した子ども三人の写真と、長女が生前に書いた書き初めを、天皇皇后両陛下にお見せした。

皇后さまは沈痛の面持ちで女性の両手を包み込むように握られ、「おつらいとは思いますが、亡くなったお子さんは、必ず御母様のことを見守ってくれていますす」とお話しになった。

そして、次男に向かい「お母さんをしっかり守っていってあげてくださいね」と声をかけられると、六歳の子は健気《けなげ》にも「わかりました。守ります」と答えた。

その女性は「手を握りながら頑張ってくださいねと言われ、本当に励まされました。つらいことが多いですが、しっかりと生きていきます」と、かみしめるように語った。

「必ずその方の心が落ち着くようなおことばをかけられる」とは、こういうことだろう。

■4.「こうした地震が今もあるのですね。怖いでしょうね」■

この五日前、五月六日には岩手県の釜石市から宮古市をお見舞いされている。

釜石では、九八名の被災者が避難生活を送る釜石中学校を訪問された。自衛隊のヘリで釜石市陸上競技場の臨時ヘリポートに着かれ、そこからマイクロバスで移動された。釜石市の野田武則市長は、道中の両陛下のご様子を次のように伝える。

片道35分の道中、どんなにお願いしても、両陛下がお座りになることはありませんでした。沿道で出迎える人々にお手を振り続けるため、車中を右に左に移動されていたのです。被災地に到着されたその時から、ご自身の使命を果たそうとされるお姿に感動するとともに、ありがたい気持ちでいっぱいになりました。（同前）

避難所になっている釜石中学校の体育館に入られると、津波で一緒にいた家族を助けることができなかった、と話す女性に対し、両陛下は「おつらかったですね」と、その苦しみを分かち合われた。

両陛下お見舞いの最中に震度3の地震が発生した。避難所内にガターンと大きな音が響き渡ったが、天皇陛下は揺れなど気になさらず、人々に励ましのことばをかけ続けられた。

皇后さまの側にいた七四歳の女性は揺れに驚き、とっさに皇后さまの手を握っていた。皇后さまは「大丈夫よ。落ち着いてくださいね」といたわりの言葉をかけられ、「こうした地震が今もあるのですね。怖いでしょうね」と手を添えて優しく握り返された。

■5．「生きていてくれてありがとう」■

両陛下は、再び、マイクロバスで臨時ヘリポートに戻られ、自衛隊のヘリで宮古市の宮古市民総合体育館に向かわれた。そこでは総勢一一六名の被災者が避難生活を送っていた。お見舞いを受けた被災者たちは、寄せ書きに次のような感想を記している。

宮古にいらして下さり、ありがとうございました。

〝生きていてくれてありがとう〟のお言葉をいただき、孫達とともに大事に、一歩一歩進んで行きたいと強く思いました。

野崎礼子、典子、麟、玄弥

温かい言葉をかけて頂きました。本当に嬉しかったです。頑張れます。ありがとうございました。

伊藤力男、文子

あの日の一瞬の出来事は一生忘れることはないです。私の顔を見て声をかけてくれて微笑んで下さいました。美智子様から笑顔とパワーをもらいました。
これからの人生努力してがんばって生きていきたいと思います。お会い出来た事に感謝します。

中播由紀子
（同前）

■6.「お見舞いを受けてから、人々の気持ちは前向きになっています」■

宮古市の山本正徳《まさのり》市長は、この時のお見舞いの様子を次のように語っている。

事実、天皇皇后両陛下のお見舞いを受けてから、人々の気持ちは前向きになっています。ご来訪いただいたあの日、人々の表情は、本当に違っていました。おそらく両陛下のなかに日本人の心を見たのだと思います。だから自然に涙が出たり、笑顔になったり、ほっとした顔をして、「本当によく来てくださいました」「勇気と希望が湧いてきます」「ありがとうございました」と口々にいう市民と接して、つくづく天皇皇后両陛下が果たされている役割というのは大きいと感じ、感謝に堪えません。（同前）

写真上／被災者の方々と膝をつき合わせるように、目の高さも同じにして話される天皇陛下（釜石市立釜石中学校体育館）写真下／被災者を温かく励ましになる皇后陛下（宮古市民総合体育館）

「日本人の心」とは、人を思いやる、素直な明るい前向きの心持ちではないか。両陛下の被災者を思いやられるお気持ちに触れ、そのような「日本人の心」を取り戻したのだろう。

ここで語られた「前向きの気持ち」「笑顔とパワー」「勇気と希望」は、冒頭の「ふわっとあたたかい空気に包まれた」「温かなオーラに包み込まれているような」という感想に通じている。

■7．「ともにいて、慰めるということがどれほど大切なことか」■

被災者たちの心が、なぜこれほどに明るく変わるのか、仙台市の奥山市長の次の言葉がヒントになる。

大きな余震も頻繁に起きていましたから、市民の不安は大きかったと思います。そんな折での天皇皇后両陛下の行幸啓《ぎょうこうけい》（筆者補注：天皇・皇后が一緒に外出されること）は、市民にとってはとてもうれしく、ありがたいものでした。避難所で、被災した方が今のつらい現実を両陛下に訴えるのですが、その度に被災者の痛みをしっかり受け止められ、深い慈愛でお応えになるのです。今回の震災のような災害は、とても理不尽なものです。その理不尽なことが国民に起こった時に、ともにいて、慰めるということがどれほど大切なことかを深く思っていらっしゃるからこそ、一つひとつのおことばが国民に届くのだと思います。両陛下のご来訪によって、私自身も「市民のために頑張らなくては」と心を新たにすることができました。（同前）

一億二千万人もいる日本で、自分たちだけが家を壊され、家族を失う。それは「理不尽」そのものである。その「自分たちだけへの理不尽」に、一人で立ち向かえる強い人などいない。

そういう時に、「ともにいて、慰める」人がそばにいる、ということが、どれほど大切なことか、と奥山市長は説く。国民を代表する両陛下が駆けつけてくれて、自分たちの気持ちを聞いてくれる。自分たちが頑張って立ち直れば喜んでくれる。

「自分たちは孤立しているのではない。両陛下とその背後の全国民が自分たちを気遣い、慰めようとしてくれている」と気づいたことで、避難所が「ふわっとあたたかい空気に包まれ」、被災者たちが「前向きの気持ち」「笑顔とパワー」「勇気と希望」を取り戻したのである。

■8.「天皇皇后両陛下のもとの日本国民でよかった」■

茨城県北茨城市は、両陛下が四月二二日にお見舞いされた場所である。皇居から車で約三時間もかけて移動された。同市の小林由美子さん（六三歳）は、両陛下のお見舞いを受けて、次のように語っている。

この度の東日本大地震が発生し、大事に至らずとも被災者になりました。被災者となり心の不安をかかえている時、天皇皇后両陛下のお見舞いの場に出逢えて、その姿、ねぎらいのお言葉に感動し、自然と涙があふれでました。おごることのないお姿、心底からのやさしさがにじみでて、ふれあいの心情、日本国民を心配してのお気持ちが伝わってきました。私たち国民の幸せと平和を願っている天皇皇后両陛下のもとの日本国民でよかったと思いました。

（『皇室の20世紀』編集部編『天皇皇后両陛下 被災地の人々との心の対話――東日本大震災７０４日 明日への記録』小学館より）

両陛下はひたすらに国民の幸せと平和を祈られている。それは親が無私の心で子どもの幸せを祈る「肉親の情」そのものである。その「肉親の情」を一身に受けているのが、「天皇皇后両陛下のもとの日本国民」の幸せである。

被災者に笑顔でお声をかけられる両陛下（北茨城市民体育館）

両陛下の祈りが国を元気にする——平成の国見

両陛下のお言葉に勇気づけられた人々が、被災地の復興を成し遂げた。

■1．「天子様が見て誉めると状況はその通りになる」■

国見《くにみ》とは、天皇が国土を巡幸することで、その繁栄を祈ることだ。『万葉集』冒頭の二首目に舒明《じょめい》天皇の御製《ぎょせい》（天皇の作った詩文や和歌）がある。

大和《やまと》には　群山《むらやま》あれど
とりよろふ　天《あめ》の香具山《かぐやま》　登り立ち　国見をすれば
国原《くにはら》は　煙《けぶり》立ち立つ
海原《うなはら》は　鷗《かまめ》立ち立つ
美《うま》し国ぞ　蜻蛉島《あきつしま》　大和の国は

（大和には多くの山があるが、とりわけて立派に装っている天の香具山、その頂きに立って

国見をすると、国土には炊煙《すいえん》がしきりに立ち、海上には鷗が翔《かけ》り続けている。美しい国よ、蜻蛉島大和の国は)

単に国土を見て賛美した、というだけではない。

見ることは、視察に留まらず、良き状態への転換を生む力の付与なのである。見て誉める ことは対象を誉めた状態に転化させることなのだ。天子様が見て誉めると状況はその通りになる。それは古代人にとって観念上のことではなく現実のことであった。

(松井嘉和監修・全日本学生文化会議編集『天皇陛下がわが町に――平成日本に生まれた物語』明成社より)

これは古代人の迷信ではない。平成の現在においても、現実に起こっている事実であることを、以下に紹介したい。

■2．「二度とこの場所に住むわけにはいかないかもわからない」■

「きれいな村だったんでしょうね」という陛下のお言葉が、新潟県の山古志村《やまこしむら》の長島忠美《ただよし》村長は、ずしんと胸に刺さったという。

平成一六（二〇〇四）年一〇月二三日午後五時五六分、マグニチュード6・8の新潟県中越地震が山古志村を襲った。地滑りによって東京ドーム六三個分の斜面が崩れ、住宅の四〇％が全壊し、一〇二九か所の農業道路、四六〇か所の水路、一九四か所の棚池《たないけ》が被害を受けた。

長島村長は、日本初となる全村避難勧告を決断した。村民二千二百余名の避難を見届けて、最後に村を離れた。その時の心境を、こう語る。

あの時は、自分が情けないのと、何をしたらいいのかわからない絶望感で一杯で、涙が止まりませんでした。村人を避難させた後、自衛隊の方と村の中を最終点検をすることになりました。その時、口が裂けても村民には言わないでおこうと思ったことがありました。二度とこの場所に住むわけにはいかないかもわからない、実はそんな気持ちを抱いてしまったんです。絶望という言葉は知っていましたが、何をしたらいいかわからない、何ができるのかわからない、というそれが絶望だと感じました。（同前）

■3.「きれいな村だったんでしょうね」■

震災からわずか二週間後に、両陛下がヘリで山古志村の状況をご視察になることになった。

新潟空港からすぐヘリに乗って山古志に向かうことになりました。そして山古志に入り、私が説明する番になりました。ヘリって騒音が大きくて、通路を挟んでお話ししたらあまりきこえないんですよね。すると隣に座るように言われまして、陛下のお耳元でご説明することになったんです。そのとき私は、両陛下のいらっしゃる日本国民でよかったと思いました。陛下は「牛はどうしていますか」、「錦鯉はどうしたんですか」ってご質問になるんです。もちろん我々のことも心配してくださいました。そのあとで言われた「きれいな村だったんでしょうね」というお言葉がずしんと胸に刺さりました。両陛下がきれいな村だったと言ってくださっている村を取り戻さないわけにはいかないと思って、私の勇気を奮い起してくれました。(同前)

陛下が牛や錦鯉のことも訊《たず》ねられたのは、山古志村の闘牛「角突《つのつ》き」は戦国時代以前に遡る神事であり、また錦鯉の養殖が山間部の生活の糧であったからだ。角突きは昭和五三(一九七八）年には国の重要無形民俗文化財に指定されている。ご視察の前に、そこまで調べられていたのだろう。

長島村長は最終的に一二〇〇頭の牛をヘリに乗せて救出する、という決断をする。生活の復旧が最優先で、角突きなどという文化的なものは後でいい、という議論もあった。

でも、牛の命を救うことと文化を守ることは私たちにとっては一つでした。仮設の闘牛場でもいいから闘牛という文化を再生しようと考えていました。牛が元気になれば私たちも元気を出せるという思いがそこにあったからです。（同前）

山古志村の「角突き」は、二頭の牛が角を突き合わせて戦うが、これ以上戦わせるとどちらかが倒れるという寸前に、行司役が「引き分け」を下し、勢子《せこ》が二頭を引き離す。勝敗はつけずに、いつも「引き分け」で終わる。これは山間の物資の運搬に牛が欠かせず、家族のように扱ってきたからだ、とある村民は言う。

■4.「角突きの技見るはうれしき」■

四年後の平成二〇（二〇〇八）年九月八日、再び、両陛下は山古志村を視察された（平成一七年に長岡市と合併したが、山古志村の呼称で綴らせていただく)。今度はヘリコプターではなく、村内を歩かれて、錦鯉の養殖や牛の角突きをごらんになられた。

長島村長の話によれば、皇族が山古志村に来られるのは有史以来のことであり、村民の気持ちも高まって、誰が言ったわけでもないのにすべての家が国旗を掲揚していた。

両陛下は次のような御製と御歌《みうた》を詠まれた。

天皇陛下　中越地震被災地を訪れて

なゐ（筆者補注：地震）により避難せし牛もどり来て角突きの技見るはうれしき

皇后陛下　旧山古志村を訪ねて

かの禍《まが》ゆ四年《よとせ》を経たる山古志に牛らは直《なお》く角《つの》を合はせる

角突きは山古志村の人々の心を結ぶものであった。それが復活したということは、もとの「美しい村」に戻ったということであろう。

翌平成二一（二〇〇九）年一〇月一一日、闘牛場が改修され、その場内に両陛下の御製と御歌を刻んだ碑が建立された。両陛下に見守っていただいて、復興を成し遂げ得た村民の感謝の表れである。

■5．「おばさん、今度家に来てね」■

三宅《みやけ》島は東京から六〇キロほど南下した海上にある、伊豆諸島の一つだ。島の中心にある雄山《おやま》が平成一二（二〇〇〇）年に大噴火し、全島民が本土に避難した。

平成一七（二〇〇五）年、村長の決断により、帰島が開始され、噴火前の約七五％にあたる二八〇〇人がわが家に戻った。それまでの間、両陛下は毎年、村民の避難先を訪問されて、激励を続けられた。

平成一二年一二月二〇日　東京都あきる野市「都立秋川高等学校」に避難児童をご訪問
平成一三年八月二七日　静岡県下田市「下田臨海学園」に避難漁業者をご訪問
平成一四年三月一八日　東京都八王子市「三宅島げんき農場」に村民をご訪問
平成一五年四月三〇日　東京都江東区「三宅村ゆめ農園」に村民をご訪問
平成一六年五月二〇日　東京都北区「三宅村桐ヶ丘支援センター」に村民をご訪問

被災当初だけでなく、その後も被災者がもとの生活に戻れるまでお見舞いを続けるというのが、両陛下の御姿勢である。

下田市では並んで待っていた被災者の中で、小学校低学年の女の子が皇后陛下に「おばさん、今度家に来てね」と言った。まだ小さくて皇后陛下のことをわからなかったのだろう。その女の子の家族は、下田に家を借りて住んでいたのだが、次の日に皇后陛下が本当に玄関に立っていて、びっくりしたという。

■6.「良い日が来る事を祈っています」■

平成一六（二〇〇四）年の北区「三宅村桐ヶ丘支援センター」では、避難中の高齢者たちに、両陛下は一人ひとり「こちらの生活にはなれましたか？」「三宅島の家は大丈夫ですか？」「良い日が早く来る事を祈っています」と声をかけられた。

三宅島で特別養護老人ホーム「あじさいの里」施設長をしていた水原光夫さんは、「両陛下にお言葉をかけていただいて、皆とても喜んでいました」と語る。水原さん自身も、陛下から「お疲れさま、ごくろうさま」と声をかけていただいた、という。

翌平成一七年二月に避難指示が解除されて、島民の帰島が始まったが、「あじさいの里」再開の目処《めど》は立っていなかった。介護をする職員が退職を余儀なくされ、しかも避難先ですでに職についていたからだ。介護職員がいなくては介護認定を受けている人々は島に帰れない。

しかし、両陛下のお見舞いが、水原さんの使命感に火をつけた。

陛下にご心配いただき、「良い日が来る事を祈っています」とのお言葉を賜った高齢者たちは、早く島に戻りたい、元いたところに戻りたいとの気持ちを強く持っていました。そのような人々にとって島に戻る事は喫緊の課題であり、そのためにも「あじさいの里」はなくてはならない施設でした。だからこそ、早急に何とかしなければならなかった。（同前）

高齢者受け入れの第一歩として、平成一七年四月にデイサービスを行うセンターが開設された。しかし職員二人で一五〇人もの在宅介護を行わなければならなかった。

その後、水原さんは職員確保に奔走《ほんそう》して、平成一九年四月、一七名の職員を得て「あじさいの里」が再開され、介護認定された高齢者もようやく帰島がかなった。

■7．「この島に戻りこし人ら喜び語る」■

平成一八（二〇〇六）年三月七日、両陛下は三宅島をご訪問され、デイサービスセンターにも立ち寄られた。そこでお待ちしていた二〇名ほどのお年寄りに、両陛下は親しく声をかけられた。その時の様子を水原さんはこう語る。

両陛下は、利用者に対して、島に帰ってからの生活や精神的な状況、帰ってきた感想を聞かれたり、また励ましのお言葉をかけられたりしていました。特に、精神面に対してかけられるお言葉が多かったです。これまでの噴火で島外へ避難する事はなかったので、噴火が高齢者に与えた精神的影響はとても大きいものでした。(同前)

両陛下は農業関係者と懇談する場では、集まった人々に「あなたはあの時いらっしゃいましたね」などと話しかけて、皆を驚かせた。その時のことを平野祐康《すけやす》村長はこう語る。

とにかく普通の人とは気遣いが違います。両陛下は島には三時間くらい滞在されましたが、島民全部が感動していたんじゃないでしょうか。この島まで足を運んでいただいたこと自体嬉しいことなのに、様々なお気遣いをいただいたことは、ちょうどこれから復興していこうとしていた私たちにとって、とても大きな励みになりました。(同前)

噴火以来、六年もの間、両陛下に見守っていただいたことを後世に残したいと、村役場に平野村長自らが揮毫《きごう》して次の御製の碑が建てられた。

三宅島（平成一八年）

ガス噴出未だ続くもこの島に戻りし人ら喜び語る

■8.「天子様が見て誉めると状況はその通りになる」■

現代リーダーシップ論の旗手サイモン・シネックは「人を動かすのは、利益ではなく、大義だ」と言っている。

その言葉通り、山古志村の長島村長や、「あじさいの里」の水原施設長を動かしたのは、村民のため、高齢者のため、という「大義」であった。この二人を中心に、周囲の多くの人々がこの大義に共感して、力を合わせたので、復興が成し遂げられたのだろう。

そして、これらの人々に大義を改めて強く心に刻ませたのが、陛下のお言葉だった。長島村長は「両陛下がきれいな村だったと言ってくださっている村を取り戻さないわけにはいかない」と決意し、水原施設長を動かしたのは「良い日が来る事を祈っています」というお言葉に高齢者たちが島に帰りたいという気持ちを強くしたことだった。

両陛下のお言葉によって「世のため人のため」の志に火をつけられた人々が国家、国民のために尽くす。皇室は国民統合の象徴であるが、その統合を生み出す国民相互の利他心の源でもあるのだ。

「天子様が見て誉めると状況はその通りになる」という古代人の国見の信仰を、二一世紀の我々日本国民は目の当たりにしているのである。「両陛下のいらっしゃる日本国民でよかった」とは、長島村長だけの思いではあるまい。

沖縄の地に心を寄せ続けた陛下

国内で唯一の戦場となり、多くの犠牲者を出した沖縄を訪ねようとして果たせなかった昭和天皇の思いを、今上陛下は引き継がれた。

■1．沖縄をたづねて果さむつとめ■

昭和六二（一九八七）年、秋の国体で沖縄を訪問される直前、昭和天皇は病に倒れ、手術の三日ほど後、「もう、だめか」と言われた。それを聞いた医師たちは、ご自分の命の事かと思ったが、実はそうではなかった。「沖縄訪問はもうだめか」と問われたのである。昭和天皇の痛恨の御心は次の御製《ぎょせい》にうかがわれる。

思はざる病となりぬ沖縄をたづねて果さむつとめありしを

拙著『世界が称賛する 日本人が知らない日本』（育鵬社）で紹介したように、昭和天皇は戦後の困難な時期に、国民を親しく励まそうと日本全国を巡幸《じゅんこう》されたのだが、長らく米軍占領下にあった沖縄が残されていた。内地で唯一の戦場となった沖縄に行って、戦没者の霊を弔い、遺族を励ましたい、それが昭和天皇終生のご念願であった。

沖縄戦を指揮した大田《おおた》實《みのる》中将は、自決の前に海軍省に電報を打つ。「一木一草焦土ト化セン、糧食六月一杯ヲ支フルノミナリトイフ、沖縄県民斯《か》ク戦ヘリ」と述べた後、県民に「後世特別ノ御高配ヲ賜ラン事ヲ」と訴えて、この電報を結んだ。

昭和天皇の「たづねて果さむつとめ」というお言葉は、大田中将の「特別ノ御高配ヲ」という願いにつながっているかのようである。

■2. この地に心を寄せ続けていく■

戦火《いくさび》に焼き尽くされし摩文仁《まぶに》が岡みそとせ（筆者補注：三十年）**を経て今登り行く**

昭和五〇（一九七五）年七月、皇太子時代に、今上陛下は沖縄海洋博へのご臨席のため、初めて沖縄を訪問された。左翼過激派が跋扈《ばっこ》する中、「たとえ石を投げられても」とのご決意だった。途上、摩文仁丘《まぶにがおか》に登られる。沖縄本島の南端、激戦終結の地である。

大田中将の最期の電報から、すでに三〇年。「みそとせを経て今」ようやく、戦没者の霊を慰めに、その丘を「登り行く」。昭和天皇の「たづねて果さむつとめ」につながる緊張感が感じられる。

その丘には魂魄《こんぱく》の塔が立つ。生き残った人々が、散乱している遺骨を集め、敵味方の隔てなく納骨し、慰霊の塔として祀《まつ》ったものだ。陛下はこの塔に献花された時の思いを、次のような琉歌（琉球の古歌）に詠まれた。

花よおしゆげやん　（花を捧げましょう）
人知らぬ魂　（人知れず亡くなっていった多くの人々の魂に対して）
戦ないらぬ世よ　（戦争のない世を）
肝《チム》に願て　（心から願って）

陛下は、かねてから歴代琉球王の琉歌を一冊の大学ノートにびっしり書き写して、琉歌を学ばれてきた。ここに沖縄の人々の霊に、沖縄の言葉で、鎮魂の歌を捧げることが叶ったのである。

沖縄ご滞在中、陛下は次のようなメッセージを国民に向けて発表された。

払われた多くの尊い犠牲は、一時の行為や言葉によってあがなえるものではなく、人々が長い年月をかけて、これを記憶し、一人ひとり、深い内省の中にあって、この地に心を寄せ続けていくことをおいて考えられません。

（「天皇陛下の祈りの旅」『祖國と青年』平成五年六月号より）

「この地に心を寄せ続け」られた陛下は、皇太子時代に五度、沖縄を訪問されている。

■3．また一生懸命やろう■

平成五（一九九三）年四月、全国植樹祭ご臨席のため、陛下は即位の後、初めて天皇として沖縄を訪問された。飛行機の中で、しきりにペンを動かされ、原稿を書き直された。摩文仁丘の平和祈念堂で遺族に直接語りかけたお言葉である。

即位後早い機会に沖縄県を訪れたいという念願がかない、きょうから四日間を沖縄県で過ごすことになりました。（同前）

「即位後早い機会に」と言われるのは、昭和天皇の「たづねて果さむつとめ」を次代の天皇

ひめゆりの塔をご参拝になった皇太子ご夫妻（現在の天皇、皇后両陛下）
（昭和50年７月　提供：毎日新聞社/時事通信フォト）

として正式に果たしたい、というお気持ちであろう。お言葉は続く。

先の戦争では、実に多くの命が失われました。中でも沖縄県が戦場となり、住民を巻き込む地上戦が行われ、二十万人の人々が犠牲になったことに対し、言葉に尽くせぬものを感じます。ここに深く哀悼の意を表したいと思います。

戦後の沖縄の人々の歩んだ道は激しいものがあったと察せられます。そのような中でそれぞれが痛みを持ちつつ、郷土の復興に立ち上がり、今日の沖縄を築き上げたことは、深くねぎらいたいと思います。（同前）

原稿を見ずに、直接語りかける陛下のお言葉に、一部のかたくなだった遺族の心も開かれた。「県遺族連合会」の妻代表、新垣曽用《そよ》さんは、「これで戦後は終わりません」と語っていたのだが、お言葉を聞いた後、次のように述べた。

長い間ご苦労というお言葉をもらったので満足しています。お言葉には戦没者へのいたわりが感じられました。夫の霊前に報告したい。陛下の言葉でまた一生懸命やろうという気持ちが湧いてきた。（同前）

4．焦土での植樹祭

植樹祭の会場になった米須《こめす》地区は、摩文仁丘のすぐ横で、住民約一五〇〇人のうち、生き残ったのは僅かに一一〇人という激戦地。激しい艦砲射撃で焼き尽くされ、焦土《しょうど》と化したこの地には、戦後四七年を経ても木が生えていなかった。

陛下は、戦前から沖縄の豊かな緑が守られてきたことについて、次のように述べられた。

これは、今から二百五十年の昔、蔡温《さいおん》によって保護、造林に意を用いられるようになって以来、人々が森林を大切にする心を持ち続けてきたからではないかと思われます。残念なことに、先の戦争でこの森林が大きく破壊されました。多くの尊い命が失われた、ここ糸満市では、森林が戦火によってほとんど消え去りました。戦後、県民の努力により、森林を守り育てる様々な運動が進められていることを誠に心強く感じております。（同前）

那覇商工会議所会頭の田場典正《たばてんせい》氏は、このお言葉を聞いて、次のように語った。

二百五十年前の蔡温の造林に触れられたことに驚いた。激戦の地、米須で植樹祭が行われ

たことは意義深い。（中略）沖縄の将来を考えて、木を育て、ほかの面も育てていくことが我々の務めではないか。（同前）

■5．沖縄の人々の痛みを分かち合うようになってほしい■

昭和六二（一九八七）年八月の記者会見では、次のようなご発言があった。

本土から大勢の人々が訪れますが、沖縄の人々の痛みを分かち合うようになってほしい。それが本土復帰を願った沖縄の人々に対する本土の人々の道であると思います。（同前）

沖縄の人々に、本土の人々に対するわだかまりがあるとすれば、それは、唯一戦場となったこともさることながら、それ以上に、戦後も、沖縄の人々の悲しみや苦しみに、本土の人々があまりにも無知、無関心であったということであろう。

そのわだかまりを解くには、「この地に心を寄せ続けていくこと」しかない。戦没者を慰霊し、遺族を励まし、琉歌を学んで沖縄の人々の心を知り、蔡温などの郷土の偉人の事跡を顕彰《けんしょう》する。これらすべて、皇太子時代から二〇年以上も、陛下が沖縄に寄せ続けてこられた御心の表れである。

6．うちのおばあちゃんは偉い！

この四日間のご滞在期間中、沿道で奉迎した県民の数は一三万人（警察発表）。県民の一〇人に一人が出迎えたことになる。

その一人、仲村さん（二五歳）は、おばあちゃんの姿に感動して、奉迎に出たという。

うちのおばあちゃんは白梅隊の生き残りで、八十近くで、今リハビリ中なんだけれども、天皇陛下が来られるからと病院を抜け出して、椅子持参でお迎えしたんですよ。うちのおばあちゃんは偉い！（同前）

「沿道に多くの人がいる場合はゆっくり走って下さい。もっと多い時は停まって下さい。」（同前）

と陛下は運転手に声をかけられていたのだが、沿道はずっと人垣が続いて、どこで停まったらよいかわからず、結局、車はゆっくり走り続けた。

地方紙『琉球新報』が事前に行った電話調査では、天皇のご来県賛成は七四%、反対は五・三%であった。

陛下の沖縄への深い思いにより、多くの沖縄の人々が、日本国民としての同胞感を再確認した。「後世特別ノ御高配ヲ」という大田中将の願いから四七年、昭和天皇の「たづねて果さむつとめ」は、この時、ようやく果たされたと言えよう。

■7. 苦難を共にした一〇年間■

ご即位後一〇年、度重なる天変地異に、陛下は国民と苦しみを共にしてこられた。平成三(一九九一)年七月、雲仙《うんぜん》・普賢岳《ふげんだけ》の噴煙いまだ収まらない島原半島に、両陛下はヘリコプターでお見舞いに駆けつけられた。

人々の年月《としつき》かけて作り来《こ》しなりはひ(筆者補注:生業)**の地に灰厚く積む**

長崎県の高田勇知事は、噴火後、一五か月間に七回も招きを受け、被災地や住民の状況の説明を求められた。この災害のことを日本で一番心配されているのは両陛下だと、知事は言う(官庁速報「アンテナ」時事通信社・平成四年一〇月八日参照)。

雲仙普賢岳噴火の被災地を訪れて（平成七年）

四年余《よとせ》も続きし噴火収まりて被災地の畑《はた》に牧草茂る

平成五（一九九三）年七月の北海道南西沖地震で、大きな被害を受けた奥尻島《おくしりとう》には、二週間後に現地をお見舞いされた。

壊れたる建物の散る島の浜物焼く煙立ちて悲しき

平成一〇（一九九八）年八月には、北海道知事から復興状況をお聞きになり、こう詠まれた。

五年《いつとせ》の昔の禍《まが》を思ふとき復興の様しみてうれしき

平成七（一九九五）年一月、阪神・淡路大震災にも、ヘリコプターで被災地を慰問され、焼け跡となった長田地区では、深々と頭を下げられ、皇后陛下が御所のお庭で摘まれた水仙の花を捧げられた。

なゐ（筆者補注：地震）をのがれ戸外に過す人々に雨降るさまを見るは悲しき

冒頭で紹介した両陛下の東日本大震災の被災者へのお見舞いは、決してこの時だけのことではない。ご即位以来、ずっと続けてこられたことなのである。

■8．連帯と協力■

陛下は、皇太子時代の昭和五八（一九八三）年、五〇歳のお誕生日を前に、東宮御所での記者会見で次のように述べられている。

政治から離れた立場で国民の苦しみに心を寄せたという過去の天皇の話は、象徴という言葉で表すのに最もふさわしいあり方ではないかと思っています。私も日本の皇室のあり方としては、そのようなものでありたいと思っています。

人々の苦しみ悲しみに、天皇が心を寄せ、御製やお言葉によって慰められる。それによって、他の国民がそれらの人々と苦しみや悲しみを分かち合う。こうして天皇の御心を通じて、国民全体の心が通い合う。この双方向の共感が国民統合の基盤である。そのような思いやりのできる国民となってはじめて、外国との心の通い合う国際親善も可能となる。

阪神・淡路大震災では、被災者同士の助け合い、自衛隊、民間企業、ボランティアの若者たちの献身的な救援活動が展開された。この点については、次のように表現されている。

救援のために日夜尽くしている関係者の労苦を思うとともに、この不幸な時期を皆が強い連帯と協力の下に乗り越え、……

また東日本大震災の五日後に流された異例のビデオ・メッセージは次の一節で結ばれていた。

被災した人々が決して希望を捨てることなく、身体《からだ》を大切に明日からの日々を生き抜いてくれるよう、また、国民一人びとりが、被災した各地域の上にこれからも長く心を寄せ、被災者と共にそれぞれの地域の復興の道のりを見守り続けていくことを心より願っています。

東日本大震災の５日後の３月16日、ビデオ・メッセージのかたちで国民におことばを送られた天皇陛下　（提供：宮内庁）

陛下が人々の苦しみ、悲しみに御心を寄せることから生まれる国民相互の「連帯と協力」こそ、国家という共同体を維持発展させる生命力である。今上陛下は身をもって、その「国民統合の象徴」としての役割をたゆまずに果たされ続けている。

「心を寄せる」ということ

国民が「心を寄せ」合い、相互に「助け合う」姿を、皇后陛下は願われている。

■1．石ひとつさえ拭われて■

平成九（一九九七）年一月二日、島根県隠岐島《おきのしま》沖でロシア船籍のタンカー「ナホトカ号」が重油一万九千キロリットルを積んだまま沈没し、流出した重油が日本海沿岸各地をどす黒く汚染した。しかし、その後、沿岸住民やボランティアの活動により、美しい渚《なぎさ》が復元された。その渚をご覧になった皇后さまは次のように述べられている。

重油流出事故に関しても、このようなことが二度とないことを願う一方、災害に当たって現地の人々が示された忍耐と実行力、全国のボランティアによる地道な支援活動には、深い敬意を覚えます。日本海の幾つもの渚が、その石の一つ一つまで人々の手でぬぐわれ元の姿にもどされたことを、これからも長く記憶に留めたいと思います。

（宮内庁編『道　天皇陛下御即位十年記念記録集』日本放送出版協会より）

この時の感銘を詠われたのが、次の御歌《みうた》である。

日本海重油流出事故

汚染されし石ひとつさえ拭《ぬぐ》われて清まりし渚あるを覚《おぼ》えむ

2．心を寄せつつ

この御歌を読んで、次のように評した人がいる。

（阪神・淡路）大震災では御世話になったとて、今度は関西の某高校がバスを連ねてボランティアに馳せ参じたりもした。この国の人たちはロシアに恨みつらみを言ふ前に、お互ひに助け合ふのである。石一つ一つの油の汚れを拭ふという気の遠くなるやうな作業を黙々とやる国民である。

（国民文化研究会編『平成の大みうたを仰ぐ』展転社より）

このように国民が相互に「助け合う」姿を、皇后さまは今後のあるべき社会の姿として考えられている。

新しく展《ひら》けて来る世紀には、家族の価値が見直されるとともに、家族の枠組みを超えて社会が連帯し、人々が今まで以上に相互に助け合っていく時代が来るのではないでしょうか。この力強い連帯の中で、私も社会の出来事に心を寄せつつ、人々と助け合って、同時代を生きたいと思います。

（宮内庁編『道　天皇陛下御即位十年記念記録集』日本放送出版協会より）

このメッセージの中心は、「連帯」「助け合って」であるが、その前提となるのが、「心を寄せつつ」であろう。このやさしい、ありふれた言葉に、どれだけの豊かな、深い意味が込められているのか、具体的に皇后さまの御歌からたどってみよう。

■3．移り住む国の民とし老いたまふ■

平成七年歌会始御題　歌

移り住む国の民とし老いたまふ君らが歌ふさくらさくらと

平成六年六月二三日、米国ロサンゼルスの日系人引退者ホームを慰問された折の御歌である。この時の写真を見ると和服姿の皇后さまが腰をかがめて、深く頭を垂れた老女の手をとられて、何事かを語りかけていらっしゃる。わざわざの和服姿は、老人たちの望郷の思いに沿いたいとの思し召しであろうか。

米国でもブラジルでも、日本人は出稼ぎや異邦人としてではなく、移住した国に溶け込んで立派な国民として生きていこうという姿勢が強かった。第二次大戦中の排日の嵐の中で、日系青年たちは米国に忠誠を示そうと、強制収容所から志願してヨーロッパ戦線に出征し、多大な死傷者を出しながらも、米国戦史に残る功績をあげた。

このホームの人々は、そうした兵士やその家族として、悲しくも雄々しい一生を生きてきたのである。「さくらさくら」と祖国への思いを秘めながら、それを支えに「移り住む国の民とし」て立派に生き抜いてきた老人たちの一生に、皇后さまは深く心を寄せられている。

■4．風運びこよ木の香花の香■

多磨全生園《たまぜんしょうえん》を訪《おとな》ふ

めしひつつ住む人多きこの園に風運びこよ木の香花《か》の香

平成三年三月四日、国立療養所多磨全生園を訪ねられたときの御歌である。同園は明治四二（一九〇九）年創設された日本最初のハンセン病療養施設で、両陛下は二度目のお見舞いであった。

失明した患者たちに、春浅き庭の木の香り、花の香りを運んで欲しいと、風に祈られたものである。「風運びこよ」と緊迫したご表現に続き、「木の香花の香」と「か行」音をたたみかける語調に、皇后さまの祈りの一途さが偲《しの》ばれる。

私の目指す皇室像というものはありません。ただ、陛下のお側にあって、すべてを善かれと祈り続ける者でありたいと願っています。

（宮内庁編『道　天皇陛下御即位十年記念記録集』日本放送出版協会より）

人々に心を寄せれば、それはかならずその人々に「善かれ」と念ずる祈りにつながるのである。

■5．語らざる悲しみもてる人あらむ■

英国にて元捕虜の激しき抗議を受けし折、かつて「虜囚《りょしゅう》」の身となりし
わが国人《くにびと》の上もしきりに思はれて

語らざる悲しみもてる人あらむ母国《ぼこく》は青き梅実る頃

平成一〇（一九九八）年五月に英国を訪問された時に、大戦中、日本の捕虜だった旧軍人の一部がプラカードを突きつけ、両陛下に背を向けて、かつて日本軍から受けたという残酷な仕打ちに抗議したのであった。両陛下は無名戦士の墓に花を捧げられ、両国の和解に心を尽くされた。

英国では、元捕虜の人たちの抗議行動があり、一つの戦争がもたらす様々な苦しみに思い

をめぐらせつつ、旅の日を過ごしました。先の戦争で、同様に捕虜として苦しみを経験した日本の人々のことも頻《しき》りに思われ、胸塞ぐ思いでした。傷ついた内外の人々のことを、これからも忘れることなく、平和を祈り続けていかなければと思います。(同前)

『万葉集』研究等で何冊もの著作をものされている廣瀬《ひろせ》誠・元富山県立図書館長は、この御歌に対して、「日本人の悲しみと目に沁《し》む梅の実の青い色とが渾然《こんぜん》とひとつに溶けて、ひしひしと読者の心を打つ」と評された(国民文化研究会編『平成の大みうたを仰ぐ』展転社)。「語らざる悲しみ」を抱きつつも懸命に生きる人々は、やがて心中に美しい青色の実を実らせるのだろう。その生き様に心を寄せられた御歌である。

■6. 澄みきった目■

大震災後三年を経て

嘆《なげ》かひし後《のち》の眼《まなこ》の冴えざえと澄みゐし人ら何方《いづかた》に住む

両陛下は、阪神・淡路大震災の二週間後に被災地をお見舞いされた。この時のことを、皇后さまは次のように語られている。

言語に絶する災害の場で、被災者により示された健気な対応と相互への思いやりに、深く心を打たれました。今も一人ひとりが多くを耐えつつ、生活しておられることと察します。時をかけて、被災者の心の傷が少しずつ癒されていくことを願いつつ、被災地のこれからの状況に心を寄せ続けていきたいと思います。（同前）

自らの嘆きにおぼれることなく、互いの助け合いに立ち上がった人々の「冴えざえと」澄みきった目を思い出しながら、それらの人々のその後の生活に、心を寄せられているのである。

■7．複雑さに耐えて生きていく人々■

重油で汚れた一つひとつの石を拭う人々、異国でその国民として懸命に生きる人々、失明してもくじけずに病と闘う人々、戦争の悲しみを秘めつつ生きる人々、震災の嘆きに負けずに助け合う人々。皇后さまが歌われた人々には、一つの共通点がある。

皇后さまはかつてご講演の中で、『古事記』などの読書を通じて「私たちは、複雑さに耐えて生きていかなければならないということ」を学んだと語られた。皇后さまが歌われたこれらの人々は、まさにそれぞれの人生の複雑さ、運命の重みに耐えながら、健気《けなげ》に雄々しく生きる人々である。

やはり努力をしている人々の仕事に対して、それをいつも誰かが見ていて、そして、よかれかしと願っているということは、大事なことではないか、また、大勢の人がそういう気持ちでいるというようなことは、形に出なくても大事なことだと思っております。(同前)

国際的な分野で仕事をしている人を念頭におかれたお言葉だが、より広く、それぞれの人生の複雑さに耐えて生きている人々全体に向けられたものと捉えてもよいであろう。皇后さまはこのようなお気持ちで、人々に心を寄せ、背後から温かい視線を注がれているのである。

皇后さまの御歌を通じて、そのような心持ちが広く国民の間に広がれば、それが「連帯と協力」の基盤となる。

8. 幸《さき》くませ真幸《まさき》くませ

皇后陛下の御歌集『瀬音』はフランス語版も出版されて、フランスやアフリカの識者から絶賛の声が寄せられているが、仏訳を担当したのが、筑波大学名誉教授でフランス文学専攻の竹本忠雄氏だった。竹本氏は、皇后さまに接した外国人からは「このようなお方を皇后として持つのは真に日本人の誇りですね」という声をよく聞きながらも、日本からそれにふさわしい紹介の努力がなされていない、と感じていた。そこで芸術と自由を表看板とするフランスで、皇后陛下の御歌を紹介することによって、日本見直しのきっかけができるのではないか、と竹本氏は考えていたのである。

翻訳は、作家で日本文化に造詣の深いオリヴィエ・ジェルマントマ氏など、竹本氏と親しいフランスの文化人たちが手助けしてくれた。竹本氏がまず仏訳の叩き台を示し、その背景や解釈を説明し、それにもとづいて討議をする、という手順が一首一首繰り返された。

最後の一首の討議は、南仏の古城で行われた。

幸《さき》くませ真幸《まさき》くませと人びとの声渡りゆく御幸《みゆき》の町に

竹本氏を囲んで討論を続けるなか、さてこの「幸」をどう訳すか、なかなかぴったりした単語が見つからない。普通の「幸せ」なら「ボヌール（英語のハッピネス）」だが、それだけのものではない、という点では意見の一致を見た。

■9．「個人的幸福を超えた何物か」■

竹本氏は、この御歌を平成一六（二〇〇四）年の歌会始で拝聴した時の体験を語った。その時の御題が「幸」だった。選ばれた歌の中には、成人式を挙げたばかりの女性の「彼と手をつなげることが幸せで」という歌もあり、これなどはまさに「ハッピネス」だと述べて、次のように続けた。

歌の品位、響き、美しさ、すべてにおいてそうですが、何よりも「幸」そのものの捉えかたが違うのです。両陛下の行幸啓を迎えて、国民が「幸くませ真幸くませ」と歓呼する声にあらわれた、個人的幸福を超えた何物かを詠っていらっしゃるのですから。

（竹本忠雄著『皇后宮《きさいのみや》美智子さま 祈りの御歌《みうた》』海竜社より）

そして皇后さまに続いて、歌会始の最後に朗詠された天皇陛下の御製、

人々の幸《さち》願ひつつ国の内めぐりきたりて十五年経《へ》つ

が、皇后さまの御歌と至高のアンサンブルをなしているのですと述べて、こう結んだ。

ここで天皇陛下が表明していらっしゃるのは、つねに一番の道徳的高みからの国民の幸福ということであって、御自身は完全なる無私というおこころがここに現れているのです。（同前）

ここまで話した時、古城の主ジョルジュ氏が言った。

分かった！　諸君、「フェリシテ＝至福」ですよ。そのサチは！　「幸くませ真幸くませ」は「至福を　高き至福を！」と訳したらどうでしょう。（同前）

「フェリシテ」とは、無私の心で他者の幸福を願う宗教的な響きを持つ。日本とフランスの間に言霊《ことだま》の橋がかかった瞬間だった。おそらくキリスト教国では教会や修道院などで人々の「フェリシテ」を祈ってきたのだろう。同じ祈りが、わが国では国民統合の中核たる皇室の中で代々、継承されてきたのである。

皇室という「お仕事」――紀宮さまの語る両陛下の歩み

「物心ついた頃から、いわゆる両親が共働きの生活の中にあり……」

■１．「今日は何か特別によいことがあるのかしら」■

両陛下の長女としてお生まれになり、黒田慶樹《よしき》氏と結婚されて皇室を離れられた清子《さやこ》さま（紀宮《のりのみや》さま）のご誕生と幼い頃のお姿を、皇后さまは次のように語られている。

清子は昭和四四年四月一八日の夜分、予定より二週間程早く生まれてまいりました。その日の朝、目に映った窓外の若葉が透き通るように美しく、今日は何か特別によいことがあるのかしら、と不思議な気持ちで見入っていたことを思い出します。

自然のお好きな陛下のお傍で、二人の兄同様、清子も東宮御所の庭で自然に親しみ、その恵みの中で育ちました。小さな蟻や油虫の動きを飽きることなく眺めていたり、ある朝突然庭に出現した、白いフェアリー・リング（妖精の輪と呼ばれるきのこの環状の群生）に喜び、その周りを楽しそうにスキップでまわっていたり、その時々の幼く可愛い姿を懐かしく思います。

（「皇后陛下お誕生日に際し（平成一七年）宮内記者会の質問に対する文書ご回答」宮内庁ホームページより）

皇后陛下らしい詩的な表現だが、とりわけ我々の心に沁み入るのは、「窓外の若葉の透き通るような美しさ」や「妖精の輪の周りをスキップする幼女」が、誰もがどこかで覚えのある光景だからだろう。これは日本のどこにでもある、幸福な家庭の一場面である。

2.「共働き」の家庭

しかし、その家庭はあいにく「両親が共働き」で、幼い清子さまは寂しく思うこともあった。

物心ついた頃から、いわゆる両親が共働きの生活の中にあり、国内外の旅でいらっしゃらないことが多かったということは、周囲にお世話をしてくれる人がいても、やはり時に寂しく感じることもありました。しかし、私には兄弟があり、また子供なりに両親のお務めの大切さを感じ取っていたためもあるのでしょうか、こういうものだと考えていた部分もあったように思います。

（『ひと日を重ねて　紀宮さま　御歌とお言葉集』大東出版社より）

その「共働き」は、通常の家庭よりもはるかに厳しいものだった。

考えてみますと、当時両陛下の外国ご訪問は全て各国元首が国賓として訪日したその答礼として行われていたものであり、しかも昭和天皇の外国ご訪問が難しかったため、皇太子の立場でありながら天皇としての対応を相手国に求めるご名代という極めて難しいお立場の旅でした。一回のご訪問につきイラン・エチオピア・インド・ネパールというように遠く離れた国々をまわらなければならないため、ご訪問が一ヶ月に及ぶことも、年に二回のご訪問が組まれることもあり、一度日程が決まれば、それを取りやめることは許されませんでした。同時に、国内においても日本各地の重要な行事へのご出席要望は強く、またその折には両殿下のご希望により、同年代の若い人たちとのご懇談が各地で行われるなどしていましたので、本当に大変な中でご出産と育児に当たられたのだと思います。（同前）

■3.「家族での楽しみや予定が消えることもしばしばで」■

清子さまは高校生ぐらいの頃から、国内行事で両陛下に同行するようになり、それによって「両陛下のお仕事やお立場を深く見つめられるようになった」という。そして、外国ご訪問や国内行事へのご参加は、単に儀礼的なものではないことを理解されていった。

時代の流れにそって、子供たちは皆お手元で育てていただき、一つの家族として過ごせたことは本当に有り難いことでしたが、その一方で公務は常に私事に先んじるという陛下のご姿勢は、私が幼い頃から決して崩れることのないものでした。国際、国内情勢、災害や大きな事故などに加え、宮中祭祀にかかわる全てが日常に反映されるため、家族での楽しみや予定が消えることもしばしばで残念に思うことも多々ありましたが、そのようなことから、人々の苦しみ悲しみに心を添わせる日常というものを知り、無言の内に両陛下のお仕事の重さを実感するようになりましたし、そうした一種の潔さが何となく素敵だとも感じていました。

（「清子内親王殿下お誕生日に際し（平成一六年）宮内記者会の質問に対する文書ご回答」より）

その「公務」は目立たないが、その積み重ねの先に実りが生まれることを、清子さまは知る。

両陛下のお仕事を振り返ってみますと、例えば最初はわずか九人の団員を迎えて始まった派遣地出発前の青年海外協力隊員とのご懇談は、年間千名を超える海外協力の主要な担い手となった三十年後まで行われ、皇太子同妃両殿下にお譲りになった現在も帰国隊員とのご懇談を続けておられますし、まだ日本では全く未知の分野であった昭和三九年の日本におけるパラリンピック開催から支えてこられた障害者スポーツは、近年ではリハビリテーション的意味合いよりも、スポーツとしての面白さを定着させてきています。また、海外の日系人については、その移住国を訪れる折だけでなく常にお心にかけてこられたことですが、多数の日系の人々が日本を訪れ滞在するようになった近年、そうした人々の暮らしや、また日本における海外移住者の記録などにもお気持ちを寄せておられます。

(「清子内親王殿下お誕生日に際し(平成一四年)宮内記者会の質問に対する文書ご回答」より)

こうした両陛下のご姿勢をご覧になって、清子さまは「一つの物事を長く見つめ続けていく努力の意義」を学んでいかれた。

両陛下の「お仕事」とは人目にふれるものだけではなかった。

4. 深夜の祭祀

私の目から見て、両陛下がなさってきた事の多くは、その場では形にならない目立たぬ地味なものの積み重ねであったと思います。時代の要請に応え、新たに始められたお仕事も多くありましたが、他方、宮中での諸行事や一年の内に最少でも十五、陛下はそれに旬祭が加わるため三十を超える古式装束をつけた宮中三殿へのお参りなど、皇室の中に受け継がれてきた伝統は、全てそのままに受け継いでこられました。

（「清子内親王殿下お誕生日に際し（平成一六年）宮内記者会の質問に対する文書ご回答」より）

紀宮さまの幼年時代に御用掛を務めた和辻雅子さんは、宮中祭祀の際の宮さま方のご様子を次のように語っている。

新嘗祭の折などには、祭祀が深夜に及び、皇后様は御装束をお召しになり古式ゆかしいお姿のまま、御拝を終えられた陛下と共にお祭り終了までお慎みの時を過ごされます。このような祭祀の夜は「およふかし」と御所で呼ばれておりましたが、宮様方も一定のご年令に達されてからは、それぞれにこのお時間を最後まで静かにお過ごしになるようになりました。終了のお知らせが参りますと、お二階の両陛下のお部屋までいらっしゃった宮様方の、「お滞りなく……」「おやすみなさい」とおっしゃるお声が次々と響き、祭祀の終わった安堵を感じるものでございました。ご生活の中に入っている、こうしたある意味特殊なお行事も、その一つ一つをお果たしになることが、ご日常の自然な秩序であり、同時に両陛下やご自身様方のお立場に伴うお務めを理解される大切な機会となっていたことを改めて思い出します。

（『ひと日を重ねて　紀宮さま　御歌とお言葉』大東出版社より）

■5．父母はこの夜半《よは》あけてかへりきたまふ■

祭祀に向かわれる両陛下のご様子を、清子さまは次のように歌に詠まれている。

虫の音（平成六年）

さ庭辺《にわべ》に満つる虫の音《ね》父母はこの夜半《よは》あけてかへりきたまふ

にぎやかな虫の音を聞きながら、両陛下を待つ清子さまの姿が目に浮かぶようである。夜空に広がる虫の音は、両陛下の祈りにも似ている。

次の歌は元旦の午前五時半から行われる「四方拝《しほうはい》」とそれに続く「歳旦祭《さいたんさい》」での御歌であろう。

四方拝では白砂の上に小さな畳を敷き、屏風で囲った御拝座で、陛下が天地四方の神々、神武《じんむ》天皇陵と先帝の御陵などを遙拝《ようはい》される。

歳旦祭では宮中三殿《きゅうちゅうさんでん》（賢所《かしこどころ》・皇霊殿《こうれいでん》・神殿）で天皇と皇太子が、天照大神《あまてらすおおみかみ》、歴代天皇、および八百万《やおよろず》の神々に、旧年の神恩を感謝され、新年にあたり国家の隆昌《りゅうしょう》と国民の幸福を祈願される。

初日

しづかなるみまつりの朝に母と立つ凍《い》てる大地に初日《はつひ》さしたり

■6.「皇室は祈りでありたい」「心を寄せ続ける」■

こうした祭祀は単なる伝統行事として継承されているのではない。国家の隆昌と国民の幸福を神に祈られることと、国民の「苦しみ悲しみに心を添わせる」こととは、同じ根を持っている。

さまざまなお祭りや行事に対し、皇后さまがそれぞれに意義を見出され、喜びを持ってなされる様子を身近にご覧になられて育ったことで、清子さまは皇后陛下の「皇室は祈りでありたい」というお言葉や「心を寄せ続ける」というご姿勢を深く心に留めるようになった、と言われる。

以前にも述べたかと思いますが、皇后様がこれまで体現なさってこられた「皇族のあり方」の中で、わたしが深く心に留めているものは、「皇室は祈りでありたい」という言葉であり、「心を寄せ続ける」という変わらないご姿勢です。ご結婚以来、障害者スポーツや青年海外協力隊を始めとする多くの活動が、両陛下が見守られ弛《ゆる》みなくお心を掛けられる中で育ち、発展していきました。また、戦争や災害犠牲者の遺族、被災者、海外各国の日本人移住者、訪れられた施設の人々などに対しては、その一時にとどまらず、ずっとお心を寄せ続けられ、その人々の健康や幸せを祈っておられます。良きことを祈りつつ、様々な物事の行く末を見守るという姿勢は皇室の伝統でもあると思いますが、決して直接的な携わり方ではないにもかかわらず、その象徴的な行いが、具体性を持った形で物事に活かされ、あるいは人々の心に残っていることは、感慨深いものがあります。

（「清子内親王殿下お誕生日に際し（平成一五年）宮内記者会の質問に対する文書ご回答」より）

■7.「皇后様が経てこられた道にはたくさんの悲しみがあり」■

国民の幸せを祈られる両陛下の御心を知ることなく、皇室に対して故なき批判を繰り返す人々がいた。その重圧の中で、皇后さまは平成五年のお誕生日の朝、精神的な疲労と悲しみで倒れられ、言葉を失われた。しかし、そのような状況でも、皇后さまはご公務を続けられ、変わらぬご姿勢で人々に接せられた。

私が日ごろからとても強く感じているのは、皇后様の人に対する根本的な信頼感と、他者を理解しようと思うお心です。皇后様が経てこられた道にはたくさんの悲しみがあり、そうした多くは、誰に頼ることなくご自身で癒やされるしかないものもあったと思いますし、口にはされませんが、未だに癒えない傷みも持っておられるのではないかと感じられることもあります。そのようなことを経てこられても、皇后様が常に人々に対して開けたお心と信頼感を失われないことを、時に不思議にも感じていました。近年、ご公務の先々で、あるいは葉山などのご静養先で、お迎えする人々とお話になっているお姿を拝見しながら、以前皇后様が「人は一人一人自分の人生を生きているので、他人がそれを充分に理解したり、手助けしたりできない部分を芯《しん》に持って生活していると思う。……そうした部分に立ち入るというのではなくて、そうやって皆が生きているのだという、そういう事実をいつも心にとめて人にお会いするようにしています。誰もが弱い自分というものを恥かしく思いながら、それでも絶望しないで生きている。そうした姿をお互いに認め合いながら、懐かしみ合い、励まし合っていくことができれば……」とおっしゃったお言葉がよく心に浮かびます。

(『ひと日を重ねて　紀宮さま　御歌とお言葉』大東出版社より)

人それぞれの心の奥底には他者からは計りがたい思いがあり、そういう思いを抱きつつ一人ひとりがそれぞれの人生を生きている、それを見守る姿勢で皇后さまは国民に寄り添われている。そのようなご姿勢だからこそ、大地震の被災者たちも皇后さまのお見舞いを受けて、自身の苦しみを受け止めていただいた、と感じたのであろう。

■8. たゆまずましし長き御歩《みあゆ》み■

皇后陛下は平成一〇(一九九八)年、インド・ニューデリーで開催されたIBBY(国際児童図書評議会)世界大会で、ビデオにより「子供時代の読書の思い出」と題する英語でのご講演をされた。その中で次のように語られている。

読書は、人生の全てが、決して単純でないことを教えてくれました。私たちは、複雑さに耐えて生きていかなければならないということ。人と人との関係においても。国と国との関係においても。

（宮内庁ホームページより）

天皇・皇后両陛下はご自身の人生における「複雑さ」に耐えて歩んでこられた。だからこそ、同様に「複雑さ」に耐えて生きる国民の悲しみや苦しみにも心を添わせてこられたのだろう。皇室の「祈り」は、そこから発せられている。

平成一七（二〇〇五）年、皇族として出席された最後の歌会始で、清子さまは、御題「歩み」に寄せて、三六年間、娘として見つめてきた両親の姿を詠まれた。

両陛下の長き御歩《みあゆ》みをおもひて
新しき一日《ひとひ》をけふも重ねたまふたゆまずましし長き御歩み

祭主として神嘗祭に初めて臨まれた天皇、皇后両陛下の長女・黒田清子さま
（平成29年10月16日、伊勢の神宮　提供：時事）

第二章　荒海の中の祈り

第一章では平成の今上陛下《きんじょうへいか》、皇后陛下の祈りを中心に見てきました。様々な天災の中での民の苦しみ悲しみをご自身のものとし、民の安寧《あんねい》をひたすらに祈られるお姿が浮かんできました。しかし、この両陛下の祈りは、個人的なご人徳のみならず、皇室に代々伝えられてきた伝統であることを、本章では見ていきたいと思います。

わが国は幕末に国を拓《ひら》き、国際社会に乗り出したのですが、そこは『世界が称賛する日本人が知らない日本』で述べたように、植民地主義と人種差別の横行する荒海でした。国を拓いた幕末から昭和に至る時代に、わが国はまさに荒海に漕《こ》ぎ出した小舟のように翻弄《ほんろう》されつつ、国家の独立と民の安寧を守ろうと苦闘してきたのです。その小舟の中での皇室の祈りが、いかに国家と民を護《まも》ってきたのか、昭和天皇から順次遡《さかのぼ》って、五代前の光格《こうかく》天皇までたどりつつ、見ていきましょう。

昭和天皇の御聖断

「私自身はいかになろうとも、私は国民の生命を助けたいと思う」

■1．イタリアの分裂、ドイツの壊滅■

三国同盟を形成した日独伊は、その降伏の仕方においては三者三様であった。

イタリアは、一九四三年七月、シチリアが連合国軍に占領され、本土への空襲がはげしくなると、ムッソリーニが失脚。国王が任命した後継のバドリオ政権は、無条件降伏に基づく休戦協定を連合軍と結んだ。しかし、ムッソリーニはドイツ軍の支援を得て、イタリア社会共和国を設立し、なおも戦いを続けた。バドリオ政権はドイツに宣戦布告をし、同一民族が連合国側とドイツ側に分かれて、同胞相撃つ悲劇が展開された。

ドイツでは、ヒトラーが降伏を拒否して、ドイツ軍を勝ち目のない戦さに駆り立てていた。ヒトラー暗殺計画は何度も試みられたが失敗し、また秘密裡の和平工作も実を結ばなかった。最後にはヒトラーは自殺し、他の指導者も自殺、逃亡、あるいは逮捕され、ドイツは無政府状態に陥った。軍は無統制のまま、各部隊が個別に降伏した。全土が連合軍に分割占領され、その後の東西分裂の原因となった。

三国の中では、日本のみが統一を維持したまま、条件付き降伏に漕《こ》ぎ着けた。内外五〇〇万の軍隊が、わずか一日で降伏を受け入れ、矛《ほこ》を収めたのは、世界史にも例のない引き際であった。

■2. 一二〇万の日本軍がゲリラ戦を展開したら■

米国は、日本の敗北は時間の問題だとしても、日本軍が降伏を受け入れるかについて、危《き》惧《ぐ》していた。

中国にいる一二〇万人の日本人は……天皇が命じないかぎり絶対に降伏しようとしないだろう。

（ガー・アルペロビッツ著　鈴木俊彦・岩本正恵・米山裕子訳『原爆投下決断の内幕 上』ほるぷ出版より）

マーシャル元帥が、トルーマン大統領に語った言葉である。中国大陸に展開されていた一二〇万の日本軍は、国民党・共産党軍相手に優位に戦っており、負けたという実感をもっていない。

この一部でも降伏を拒否し、広い中国大陸のあちこちで、山地や森林にこもってゲリラ戦を展開したら、後のベトナム戦争のように、アメリカ軍ですら手に負えなくなったであろう。

内地にも将兵約三〇〇〇万人がいた。日本政府が降伏を表明しても、二・二六事件のように強硬派がクーデターを起こし、戦争を継続していた可能性は十二分にあった。たとえ天皇の降伏命令があっても、強硬派は「天皇は和平派に操《あやつ》られている。君側《くんそく》の奸《かん》を討《う》て」と主張できる。

国の内外で降伏が徹底せず、いつまでも戦闘が続けば、ソ連軍がこれ幸いと北海道にまで侵入して、ドイツのような分割占領の憂き目にあっていたことであろう。

五〇〇万の軍隊がわずか一日で降伏に応ずるという奇跡を生み出したのは、昭和天皇の戦争終結の御聖断《ごせいだん》であったが、それはまさに絶妙のタイミングで、絶妙の方法で引き出されたのである。七七歳の老宰相、鈴木貫太郎《かんたろう》によって。

■3．どうか親がわりになって■

昭和二〇（一九四五）年四月五日午後一〇時、重臣会議の決定に基づき、鈴木は昭和天皇から組閣の大命を受けた。鈴木は「自分は武人として育ってきたもので、政治に関与しないという明治天皇の勅諭《ちょくゆ》を終身奉じて今日まで来ました。どうかお許し願いたい」と固辞《こじ》した。

陛下はニッコリと笑われて、「鈴木がそう申すであろうことは、私にもわかっておった。しかしこの危急の時にあたって、もう今の世の中に他に人はいない」と言われた（小堀桂一郎著『宰相 鈴木貫太郎』文春文庫参照）。

四月七日、貞明皇太后《ていめいこうたいごう》へのご挨拶《あいさつ》に伺《うかが》うと、皇太后はハンカチであふれる涙をぬぐいながら、こう言われた。

鈴木は陛下の大御心をもっともよく知っているはずです。どうか親がわりになって、陛下の胸中の御軫念《ごしんねん》を払拭してあげて下さい。また、多数の国民を塗炭の苦しみから救って下さい……。

（半藤一利著『聖断——天皇と鈴木貫太郎』文春文庫より）

鈴木は、日清・日露戦争で戦功をあげ、連合艦隊司令長官まで務めた後、昭和四（一九二九）年から八年間、侍従長《じじゅうちょう》として、天皇のおそばで仕えた。時に六一歳、天皇は鈴木の長男と同年であられた。また鈴木の妻、たかは、約一〇年間、幼少の頃の天皇の養育係を務めている。皇太后の「親がわり」という異例のお言葉には、このような背景があった。

■4．平和を求める意思■

昭和二〇年六月八日、首相・鈴木貫太郎は第八七回臨時議会を召集した。これには日本はドイツとは違って、激しい本土空襲の只中《ただなか》でも毅然《きぜん》として議会尊重の原則を崩さない近代的立憲君主制国家であることを海外、特に主要交戦国であるアメリカに示す狙《ねら》いがあった。

そしてもう一つの狙いは、首相就任後の最初の施政方針演説により、日本の和平意思を世界の報道機関を通じて表明すること。しかもこれは国民の戦意を維持したまま、講和の落とし所を暗に示そうという綱渡りであった。

鈴木は施政方針演説で、「今や我々は全力をあげて戦い抜くべきである」という決意を示しつつ、特に次の二点を訴えた。

私は多年側近に奉仕し深く感激いたしておるところであるが、世界においてわが天皇陛下ほど世界の平和と人類の福祉とを冀求《ききゅう》遊ばさるる御方はないと信じている。万邦をして各々

その所を得さしめ、侵略なく、搾取なく……実に、わが皇室の肇国《ちょうこく》いらいの御意思であらせられる。（同前）

鈴木は、支那事変《しなじへん》の時などは、健康を害されるまでに心労を重ねられた天皇に、侍従長として八年間お仕えしてきた。その鈴木にとって、これはゆるぎない確信であった。この点がわが国の基本姿勢であることを確認した上で、鈴木はさらに日米が戦うことの無意味さを説いた。しかし、米国が無条件降伏を主張する限り、日本は戦いを継続するしかない。

わが国民の信念は七生尽忠である。わが国体を離れてわが国民は存在しない。敵の揚言する無条件降伏なるものは、畢竟《ひっきょう》するにわが一億国民の死ということである。われわれは一に戦うのみである。……（同前）

鈴木のメッセージを読んで、心理作戦課のザカリアス大佐は部下にこう言った。

鈴木は戦いのことを語っているが、かれが実は平和のことを考えているのだ、ということをこの演説は明瞭に示している。

（中略）鈴木は、もうわれわれの無条件降伏政策に条件をつける材料のないことを覚悟している。それでいて、なお降伏を受けいれることを鈴木がためらっているのは、将来の天皇の位置が不明だからだ。（同前）

天皇制存続を認めるという条件を提示して、日本に降伏への道を開き、日米双方での犠牲を早く食い止めようという主張が、米政府、軍部、マスコミなどで幅広く起こり、実際に、天皇制容認条項がポツダム宣言の原案に入れられた。鈴木の和平への意思は明確にアメリカに伝わっていたのである。

■5．天皇の名によって始められた戦争を■

しかし、原爆使用を決意していたトルーマン大統領は、「ジャップは降伏しないだろう」と思いつつ、ポツダム宣言から天皇制容認条項を削除した。

そしてトルーマンの思惑通り、日本政府はポツダム宣言を受諾できないまま、八月六日に広島に原爆攻撃がなされた。さらに、日本政府が和平交渉仲介を依頼していたソ連が、九日未明、突如宣戦布告《せんせんふこく》し、満洲《まんしゅう》になだれ込んだ。同日には長崎も原爆攻撃された。

九日の深夜より、緊急の御前会議《ごぜんかいぎ》が開かれた。「天皇の国法上の地位を変更しない」という条件のみをつけて受諾しようというもの、東郷外相《とうごうがいしょう》ら三名。阿南陸相《あなみりくしょう》ら三名は、さらに占領、武装解除、戦犯処置に関する合計四条件での受諾を主張した。

このまま鈴木が前者に賛成すれば、四対三の多数決で決議できる。しかし、鈴木はあえてそうせずに、静かに真っすぐに陛下の前に進み、大きな体を低くかがめて礼をして言った。

遺憾ながら三対三のまま、なお議決することができませぬ。（中略）この上は、まことに異例で畏れ多いことでございまするが、ご聖断を拝しまして、聖慮をもって本会議の結論といたしたいと存じます。（同前）

後に昭和天皇は次のように述べられたという。

今や何人の権限を犯すこともなく、また何人の責任にも触れることなしに、自由に私の意見を発表して差し支えない機会を初めて与えられた。（中略）私と肝胆相許《かんたんあいゆる》した鈴木であったから、この事が出来たのであった。（同前）

鈴木が多数決の形をとらなかったのは、それでは軍の強硬派が納得すまいと考えたからであろう。小堀桂一郎氏は、この点につき、さらに次のように述べている。

老宰相から見れば自分の息子の様な（中略）愛する天皇に対し、天皇の名によって始められた戦争を、天皇の本心からのお言葉で収拾して頂きたい――と、秘かに願ってゐたのである。

（小堀桂一郎著『宰相 鈴木貫太郎』文春文庫より）

6．スティムソンの感動

そのお言葉は次のようなものであった。

空襲は激化しており、これ以上国民を塗炭の苦しみに陥れ、文化を破壊し、世界人類の不幸を招くのは、私の欲していないところである。私の任務は祖先からうけついだ日本という国を子孫につたえることである。今となっては、ひとりでも多くの国民に生き残っていてもらって、その人たちに将来ふたたび起《た》ち上がってもらうほか道はない。（中略）私は涙をのんでポツダム宣言受諾に賛成する。

（半藤一利著『聖断――天皇と鈴木貫太郎』文春文庫より）

聖断は下った。しかしこれは立憲制度下ではまだ天皇の個人的見解の表明にすぎず、そのまま国家の意思となるわけではない。鈴木はこれをもって最高戦争指導会議の議決とし、さらに閣議の承認を得て、国家の意思決定とした。

日本政府はスイス、スウェーデン両中立国を通じて「天皇の国家統治の大権を変更するの要求を包含し居らざることの了解のもとに」ポツダム宣言を受諾すると回答した。

スティムソン陸軍長官は、「日本がこのような苦境に陥っても、なお天皇制の保証を求めている」と、しばし言い知れぬ感動に浸った。米政府内の調整の後、「最終的の日本国の政府の形態は……日本国国民の自由に表明する意志により決定せられるべきものとす……」という回答が返された（同前）。

7．私自身はいかになろうとも

しかし、日本の提案に対して、明確な保証は与えていない連合国の回答に、大本営は受諾絶対反対を唱えた。鈴木は、再度の御前会議召集を決定した。「もう二日だけ待ってほしい」との阿南陸相の要望を、鈴木は毅然《きぜん》として断った。

今日をはずしたら、ソ連が満洲、朝鮮、樺太ばかりでなく、北海道にもくるだろう。ドイツ同様に分割される。そうなれば日本の土台を壊してしまう。相手がアメリカであるうちに始末をつけねばならんのです。（同前）

八月一四日午前一〇時五〇分、二度目の御前会議が開かれた。各人の意見陳述の後、天皇が静かに口を開かれた。

国体問題についていろいろ危惧もあるということであるが、先方の回答文は悪意をもって書かれたものとは思えない。要は、国民全体の信念と覚悟の問題であると思う。このさい先方の回答を、そのまま、受諾してよいと考える。（中略）国民が玉砕して君国に殉ぜんとする心持ちもよくわかるが、しかし、わたくし自身はいかになろうとも、わたくしは国民の生命を助けたいと思う……。（同前）

これが最終的な決定となった。二度の御前会議での天皇のご発言をもとに、終戦の詔勅《しょうちょく》が作られ、翌八月一五日、天皇ご自身がラジオで国民に直接呼びかけるという異例の玉音《ぎょくおん》放送がなされた。強硬派の多い陸軍も、阿南陸相が「承詔必謹《しょうしょうひっきん》」の大方針を打ち出し、全軍が静かに矛を収めた。

一五日の午後、鈴木は辞表を天皇に差し出した。退出しようとする鈴木に、天皇は「鈴木」と親しく呼び止められた。「ご苦労をかけた。本当によくやってくれた」とやさしく言われた。さらにもう一言、「本当によくやってくれたね」。

その夜遅く、鈴木はたか夫人、長男の一らに、その時の様を物語り、しばし面を伏せてむせび泣いた。就任以来一三〇日間にわたる老宰相の苦闘はここに終わった（同前）。

■8．護持すべき「国体」とは■

終戦決定の最終段階で、最大の焦点となった「国体の護持」であるが、奇妙なことに、天皇だけが常に、大丈夫だ、との確信を示されていた。

たとえば天皇は、その地位を心配する阿南陸相に対して、「阿南よ。もうよい」「心配してくれるのは嬉しいが、もう心配しなくともよい。私には確証がある」と言われている。「確証」とはただならぬ言葉である（同前）。

連合国側の回答に関しても、木戸内大臣に次のように言われている。

人民の自由意志によって決定される、というのでも少しも差支えないではないか。たとえ

連合国が、天皇統治を認めてきても、人民が離反したのではしようがない。人民の自由意志によって決めてもらって少しも差支えないと思う。（同前）

以下は私見であるが、天皇の国政上の地位は「国体」というよりも「政体」と言うべきもので、当時の政体は明治憲法制定以来たかだか五〇余年の歴史しかない。

それでは、「政体」とは異なる「国体」とは何か？　終戦の詔勅にはこうある。

朕《ちん》ハ茲《ここ》ニ国体ヲ護持シ得テ忠良ナル爾臣民《なんじしんみん》ノ赤誠《せきせい》ニ信倚《しんい》シ常ニ爾臣民ト共ニアリ

（私はここに国体を維持することができて、忠良な汝《なんじ》国民の真心を信じ、常に汝国民とともにいる）

これを裏返せば、「国民の真心を信じ、常に国民と共にあり」ということが、すなわち天皇にとっての「国体」そのものであったと言えないだろうか。

爆撃にたふれゆく民のうへをおもひいくさとめけり身はいかならむとも

身はいかになるともいくさとどめけりただたふれゆく民をおもひて

国柄をただ守らんといばら道すすみゆくとも戦とめけり

終戦時の御製《ぎょせい》である。「身はいかになる」とも「たふれゆく民をおもふ」というご覚悟で、「国民と共にあり」という「国柄《くにがら》」を守ろうとされた。その胸中のご覚悟こそ国柄を守れるという「確証」であると言えよう。そのご覚悟はさらに終戦後の全国ご巡幸《じゅんこう》（天皇が各地を回ること。ちなみに行幸《ぎょうこう》は天皇が外出されることで、広義では巡幸も行幸に含まれる）で示され、国民の側もそれに心からの奉迎で答えたのである（拙著『世界が称賛する日本人が知らない日本』育鵬社参照）。

八月一四日深夜、阿南陸相が鈴木を訪れた。翌早朝、阿南は全陸軍の責任をとって自刃《じじん》するのだが、口には出さなくとも別れの挨拶にきたことは、鈴木にはすぐにわかった。その阿南に鈴木は言った。

「日本のご皇室は絶対に安泰ですよ。陛下のことは変わりません。何となれば、陛下は春と秋とのご先祖のお祭りを熱心になさっておられますから」

阿南は強くうなずいた。「まったく同感であります。日本は君臣一体となって必ず復興すると堅く信じております。」

（半藤一利著『聖断——天皇と鈴木貫太郎』文春文庫より）

先祖のお祭りとは、先祖の遺志を継ごうという儀式に他ならない。皇室にとってのそれは、ひたすらに国民の安寧を祈る、という皇祖《こうそ》皇宗《こうそう》以来の伝統である。このご決意がある限り、「国民と共にあり」、すなわち、阿南の言う「君臣一体」の国体は、護持しうるのである。

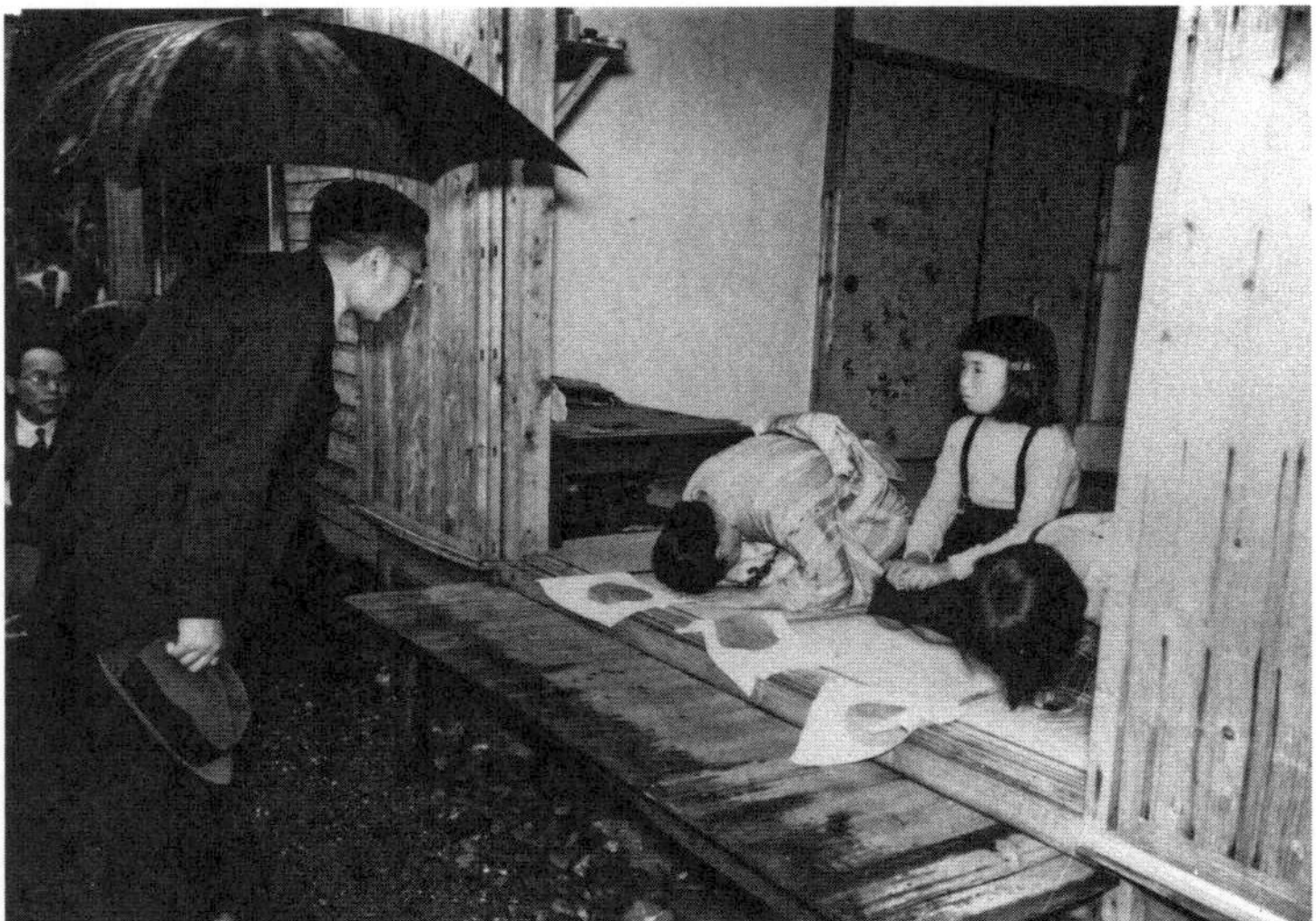

大分ご巡幸で、遺族会館母子寮の母と子どもに慰めのおことばをかけられる昭和天皇（昭和24年６月８日　提供：朝日新聞社/時事通信フォト）

香淳皇后――昭和天皇を支えたエンプレス・スマイル

「戦中、戦後にかけて陛下のご心痛をおそばで見ているのはつらい思いでした」

■1．「エンプレス・スマイル」■

昭和四六（一九七一）年九月、昭和天皇と香淳《こうじゅん》皇后は欧州七か国を訪問された。七〇歳になられていた天皇にとっては、大正一〇（一九二一）年の皇太子時代の欧州御歴訪から五〇年ぶり、六八歳の皇后にいたっては初めての海外渡航であった。

沿道に並んだ子どもたちに向けられた皇后の笑顔が、現地の新聞やテレビで報道された。当時はまだ戦争体験者が多くいたが、誠実な昭和天皇と笑顔の皇后の姿を目の当たりにして、これが「神として侵略戦争を命じた」日本の皇帝夫妻なのか、と人々は驚きを隠せなかった。

四年後の昭和五〇（一九七五）年九月、両陛下は、今度はアメリカを訪問された。ホワイトハウスでの晩餐会《ばんさんかい》から、ディズニーランドでのミッキーマウスとの握手まで、ここでも皇后の微笑みは「エンプレス・スマイル」として、アメリカ国民から歓迎され、各国報道陣の称賛の的となった。

欧州訪問と米国訪問の間の昭和四八（一九七三）年、古希《こき》を迎えられた皇后は「七〇年をふり返って一番印象深かったことは？」という記者団の質問に対し、こう答えた。

最近では、陛下のお供でヨーロッパ旅行のできたことが一番印象に残っています。それにつけても、今は平和ですが、戦中、戦後にかけて陛下のご心痛をおそばで見ているのはつらい思いでした。

（工藤美代子著『香淳皇后と激動の昭和』中央公論新社より）

大東亜戦争はわが国史の中で最大の苦難であり、昭和天皇はご歴代の中でも最も苦しまれた天皇だったが、それを常におそばで支えていたのが皇后の「エンプレス・スマイル」であった。

■2.「ほかの人々に尊敬されるだけのものにならねばならぬ」■

香淳皇后は、明治三六（一九〇三）年三月、皇族・久邇宮邦彦王《くにのみやくによしおう》の長女として生まれた。祖父・久邇宮朝彦親王《あさひこしんのう》は、孝明《こうめい》天皇の懐刀《ふところがたな》として公武合体のために奔走した。ために

西ドイツのボンをご訪問された天皇（昭和天皇）、皇后（香淳皇后）両陛下
（昭和46年10月　提供：dpa/時事通信フォト）

維新後は明治新政府から疎《うと》んぜられ、一時は親王号も剝奪《はくだつ》されて、広島に幽閉《ゆうへい》された。明治八年にようやく許されたが、「皇族の間では日陰者のような存在」になってしまった。

香淳皇后の父親・邦彦王は財産もない中の子沢山で、経済的には苦労した。しかし英邁《えいまい》な性格で、皇族として初めて士官候補生として入営し、かつ初めて陸軍大学に入学した人物だった。

そんな家庭に生まれた良子《ながこ》女王は、幼い頃から、しっかりした子どもだった。妹たちの勉強を見てやったりしながら、常に「私たちは普通の身分とはちがうのだから、それだけしっかり勉強しなければならない。そうして、あらゆる点で、ほかの人々に尊敬されるだけのものにならねばならぬ」と話していた。

その一方で思いやりもあり、次女の信子《のぶこ》女王が背が低いのを気にしていたので、写真を撮るときには、それがわからないよう横に並ばないようにしていた。

3．お妃選び

そんな良子女王に目をとめたのが、明治天皇のお后《きさき》だった昭憲皇太后《しょうけんこうたいごう》だった。明治四五（一九一二）年七月、明治天皇崩御《ほうぎょ》の際、九歳の良子女王は母親に連れられて、弔問《ちょうもん》に参内《さんだい》した。皇太后は京人形のように可愛らしい女王に目をとめ、側近の者にどこのお子かと尋ねると、久邇宮の姫だという。

皇太后は、明治天皇が常々、「久邇宮は孝明天皇に尽くしたおかげで気の毒な境遇になったので、何とかしてやりたい」と語っていたことを思い出した。

皇太后は良子女王を傍《かたわ》らに呼び寄せて、名前を聞き、写真を一枚所望した。そしてその母親に、娘を連れてときどきは御所に遊びに来るようにと伝えた。一一歳になる裕仁《ひろひと》皇太子のお妃《きさき》候補の一人として、考えられたのである。

それ以来、良子女王は母親に連れられて、たびたび参内した。格式の厳しい御所でも、皇族の姫として節度と気品を持って育てられた良子女王は、昭憲皇太后にも祖母に対するように、よくなついた。

昭憲皇太后が大正三（一九一四）年に崩御されると、皇太子のお妃選びの中心となったのは、実母の貞明《ていめい》皇后だった。貞明皇后は学習院女子部に参観されてお妃選びをされたが、やはりその中でも目をつけられたのが良子女王だった。容姿の美しさだけでなく、体操や長刀《なぎなた》の時間も、美しい声で号令をかけられていた。

■4. お妃教育と「宮中某重大事件」■

大正六（一九一七）年末、宮内《くない》大臣から久邇宮邦彦王に「両陛下の思し召し《おぼしめし》」が伝えられた。ところが邦彦王には不安が一つあった。良子女王の母親の生母に軽度の色覚異常があったのだ。

邦彦王は出入りの医師に調査を依頼したところ、「色盲因子保有の女子が健全な男子と結婚すると、出生した男子の半分は色盲となるが、その女子はみな健全にして子孫に遺伝することなし」との結果を受けた。邦彦王は、この結果を宮内大臣に伝え、婚約内定が整った。

大正七（一九一八）年一月から、お妃教育が始まった。講師は東京女子師範学校教授を辞して良子女王と寝起きを共にする後閑菊野《ごかんきくの》女史、皇太子の倫理教育を担当した杉浦重剛《すぎうらじゅうごう》など一七名、学課は、国語、数学などの一般学科から、修身、国体、フランス語、さらには琴、ピアノ、ダンス、テニス、長刀まで三一課目に及んだ。

二人のご学友とすぐ下の妹の信子女王と四人で机を並べたが、学友の一人は「良さまも朗らかでいらっしゃって、いつも笑いにつつまれておりました」と回想している。もともと成績優秀で、運動神経も発達していた良子女王は、それほどの重荷とは感じていなかったようだ。

しかし、お妃教育が始まって三年近くが経とうとする大正九（一九二〇）年一二月頃、「宮中某重大事件」が起こった。元老《げんろう》の山県有朋《やまがたありとも》が、良子女王に色盲の遺伝子ありとして、婚約内定取り消しを主張したのである。女王の母が島津出身ということもあり、事態は薩長《さっちょう》の争いともなって、紛糾《ふんきゅう》した。

その最中、良子女王の侍女《じじょ》は、御学問所の廊下で、たった一人で空を見つめている良子女王の姿を見ている。可愛がっている鳩《はと》に餌《えさ》をやる時間で、女王の肩にも足にも鳩がとまっていたが、その手のひらには一粒の豆もなかった。侍女に気がついた女王がふり返ると、その目には涙が滲《にじ》んでいた。

ここで立ち上がったのが杉浦重剛であった。高齢と病身をおして「すでにご内定になったご婚約を細かい欠点を挙げて取り消すのは、そのお相手に対して信を失うだけでなく、天下に対しても必ず信を失う」と主張し、世論はこれに同調した。翌年二月に「御婚約御変更なし」との宮内省発表がなされて、ようやく事件は収束した。

■5．関東大震災で婚儀延期■

大正一二（一九二三）年四月一二日、婚儀は同年一一月二七日に執り行われるとの正式発表がなされた。すでに婚約内定から五年以上が過ぎていた。しかし、その年の九月一日、関東大震災が発生し、死亡者・行方不明一〇万人以上、宮城《きゅうじょう》前や日比谷《ひびや》公園に避難民が五〇万人も押し寄せた。東京市内を視察した皇太子は婚儀の延期を決心した。

すでに良子女王は二〇歳となって、学習院時代の同級生もほとんどが先に結婚している中での延期だった。しかし、女王は新聞の報道を熱心に読み、ひたすら縫い物や編み物を続けて、救援物資作りに励んだ。

結婚の儀は翌大正一三（一九二四）年一月二六日、宮中賢所《かしこどころ》で厳《おごそ》かに執り行われた。お二人は馬車で赤坂離宮《あかさかりきゅう》に入られたが、沿道の市民が日の丸の小旗を振り、万歳《ばんざい》を連呼した。この時の様子を評論家の木村毅氏は、次のように書いている。


国民は、御婚約のこわれなかった事を心から皇太子のために慶祝した。（中略）国民の心からなる温かい声援に送られての、晴れ晴れしい新生活への離陸だった。

（河原敏明著『良子《ながこ》皇太后――美智子皇后のお姑さまが歩んだ道』文春文庫より）


震災の痛手の癒《い》えぬ中での婚儀であり、裕仁親王みずからのご要望で、婚儀は明治天皇や大正天皇のときと比べると、質素なものであった。また祝宴も国民への配慮から五月末まで延期された。

6.『皇太子さま　お生れになつた』

幾多の苦難を乗り越えたためか、お二人の結びつきは強かった。朝食のあと、裕仁親王は政務室に向かわれる。その時、良子妃は必ず微笑んでお見送りをする。殿下は「行ってくるよ、良宮《ながみや》」と声をかける。

そして数十歩先の曲がり角で、皇太子はふり返り、軽く上体をかがめる。そんな皇太子を良子妃は、ずっとにこやかに、お姿が見えなくなるまで見守り続ける。それが毎日毎日、新婚の時から数十年も続けられたのである。

大正一四（一九二五）年四月一五日、「東宮妃《とうぐうひ》良子女王殿下ご懐妊《かいにん》」が発表された。国民は安堵《あんど》し、そして密《ひそ》かに「男子出生」を願った。しかし、裕仁親王は良子女王の心の負担になるので、一言も期待めいたことは言わなかった。

一二月六日、よく太った女の子の赤ちゃんが生まれた。裕仁親王は内親王《ないしんのう》誕生の知らせに、落胆の様子もなく「あっ、そう、それはよかった。女の子はやさしくてよいね」と言われた。国民も期待には反したが、国を挙げてお祝いをした。

大正天皇が崩御され、皇太子が践祚《せんそ》し、年号は昭和と替わった。皇后となった良子妃は、次々と出産されたが、長女の照宮茂子《てるのみやしげこ》内親王に続き、昭和二年九月の久宮祐子《ひさのみやさちこ》内親王、四年九月の孝宮和子《たかのみやかずこ》内親王、六年三月の順宮厚子《よりのみやあつこ》内親王と女児が続いた。

「皇后さまは『女腹《おんなばら》』に違いない」として、「早急に側室《そくしつ》をおかれるよう」などと勧める元老もいた。だが天皇はそんな申し入れを一蹴《いっしゅう》した。「私はかまわないよ、秩父《ちちぶ》さんも高松もいるのだから（皇統に心配ない）」とやさしく慰《なぐさ》めた。退位して、弟の宮様に譲っても構わない、という意味だった。

陛下のお言葉に救われながらも、皇后は「これほどやさしくしていただいているのに、なんとしても皇太子を産んで、ご恩返ししなければ……」と思った。

昭和八（一九三三）年夏、またも皇后のご懐妊が発表された。「今度は、男の子のような気がする」と皇后はふと漏らされた。同年一二月二三日午前六時三九分、元気な産声が産殿に響き渡った。親王の誕生だった。知らせを受けた陛下は「それは、確かか」と、お顔いっぱいに笑みが広がった。

夜明けの鐘まで　天皇陛下お喜び　みんなみんなかしは手
うれしいな母さん　皇太子さま　お生れになつた

北原白秋《はくしゅう》作詞、中山晋平作曲の『皇太子さまお生れになつた』の歌を、国民は広く愛唱した。

■7.「慰めまつらむ言の葉もなし」■

こうした御慶事の一方で、国内外の情勢は緊迫の一途をたどっていった。昭和一一（一九三六）年には二・二六事件が勃発。日頃穏やかな陛下も憤激する日々が続いた。その様子に、良子皇后は侍従を呼んで、涙まじりのお声でこう訴えられた。

このところのお上《かみ》は、一週間も安眠されておりません。夜中に起き上がられて、お部屋の中をぐるぐる回り、独り言をおっしゃり続ける毎日です。こんな状態ではお身体がもたないと心配です。どうかすみやかに、お上のおぼしめしが達せられるよう、内大臣に話してください。

（河原敏明著『良子皇太后――美智子皇后のお姑さまが歩んだ道』文春文庫より）

良子皇后が政治向きのことに口を出したのは、後にも先にも、この時だけであった。

昭和一六（一九四一）年一二月にはついに大東亜《だいとうあ》戦争勃発。国民の食糧事情が悪化するのに合わせて、天皇の食事も麦をまぜたご飯に一汁二菜、配給量も一般国民と同じにせよ、と命ぜられた。そのうえ、心配事ですぐ食欲が落ちるご体質で、時には皇后が野草で手料理を作ったが、それでも箸《はし》が進まず、体重は六四キロから五六キロへと落ちてしまった。
皇后はできるだけ明るい話題を拾って、天皇に話しかけられた。それを聞いて天皇は一瞬、明るい表情をされるが、すぐまた沈痛な様子に戻ることが多かった。

つぎつぎにおこる禍《まが》ごとをいかにせむ慰めまつらむ言の葉もなし
みこころを悩ますことのみ多くしてわが言の葉もつきはてにけり

「私自身はいかになろうとも、私は国民の生命を助けたいと思う」という終戦の御聖断は、このような両陛下の苦悩を通じて、たどり着いたものである。

■8.「たくさんのお苦しみやお悩みのなかから」■

昭和五九（一九八四）年、結婚六〇周年を迎え、昭和天皇は次のように語られた。

六十年をふり返ってみて、いろいろなことがあったが、皇后がいつも朗らかで、家庭を明るくしてくれ、私の気持ちを支えてくれたことを感謝している。

（松崎敏弥著『天皇陛下の３分間スピーチ――心あたたまるお言葉』光文社より）

皇后の「戦中、戦後にかけて陛下のご心痛をおそばで見ているのはつらい思いでした」というお言葉と響き合うご発言である。それほどの「つらい思い」を乗り越えて、ようやく平和の時代を迎え、かつての敵国民からも歓迎を受けられた。「エンプレス・スマイル」は、そのような深いところから湧《わ》き出てきたものであった。

美智子皇后は四〇歳の誕生日に、香淳皇后について、記者団から質問を受けて、「たくさんのお苦しみやお悩みのなかから、今日のすばらしいご自分をおつくりになった方」と讃えられている。

大正天皇と「平和大国日本」のビジョン

内に「皇室と人民の接近」を図られ、外には「平和大国日本」のビジョンを体現された大正天皇。

1.「国際協調に基づく積極的平和主義」

安倍首相が平成二九年五月二七日、地中海の島国マルタにて、第一次大戦中の日本軍戦没者の墓地に献花し黙禱《もくとう》を捧げた。大正六（一九一七）年、日英同盟に基づくイギリスの支援要請に応えて派遣された駆逐《くちく》艦隊が、地中海で暴れ回っていたドイツ軍の潜水艇からイギリス・フランスの輸送船を護った戦いで戦死した英霊の墓である。

大戦後の日本は世界平和を実現するために設立された国際連盟に常任理事国として参加。特にその連盟規約に人種平等を謳《うた》おうと奮闘して、世界の有色人種の衆望を担った。さらに日本はワシントン軍縮会議（一九二一年〜）に主要国として参加し、世界平和を牽引《けんいん》した。

安倍首相はフェイスブックで「万感の思いを込め、御霊《みたま》の平安をお祈りしました。日本は、世界から信頼されていますと、申し上げました。日本はこれからも、国際協調に基づく、積極的平和主義を貫きます。墓前で、誓いました」と発信している（『産経新聞』平成二九年五月二八日付「安倍晋三首相、マルタの日本海軍戦没者墓地で献花」参照)。

まさにこの「国際協調に基づく積極的平和主義」のモデルが大正日本であり、その象徴を体現されたのが大正天皇だった。

さらにドイツ、ロシアなどの王室帝室が次々と消え去って行く中で、大正天皇は国内にあっては「皇室と人民の接近」(当時の新聞報道)を図られ、君民一体の麗《うるわ》しい国柄を強化された。さらに皇后と四方の皇子たちとの和やかな家庭生活は、国民に近代的家庭の範を示された。

大正天皇の示された、外への「国際協調に基づく積極的平和主義」と内での君民と家族の和は、二一世紀の日本の進むべき姿を指し示している。

■2. 一般人の暮らしているより広い世界を見聞する■

大正天皇、すなわち嘉仁《よしひと》皇太子はご幼少の頃から病弱で、学習院は中等一年を修了した時点で中退。その後は赤坂離宮内で国学、漢学、フランス語の個人教授を受けられたが、一時は重体に陥ったほどのたびたびの病気で中断を余儀なくされ、成績も思わしくなかった。

心配された明治天皇は、一七歳年上の有栖川宮威仁《ありすがわのみやたけひと》親王を東宮輔導《とうぐうほどう》(皇太子の教育係)として配された。明治三三(一九〇〇)年、皇太子は九条節子妃《くじょうさだこひ》(後の貞明《ていめい》皇后)と結婚され、その報告のため伊勢の神宮などを参拝された後に、三重、奈良、京都を回られた。

皇太子は京都帝国大学付属病院では一四歳の脊髄《せきずい》病患者と二二歳の火傷患者に病状について質問された。明治天皇の場合は全国行幸《ぎょうこう》をされても一般国民に直接話しかけられることはなかったが、皇太子はたまたま二人の患者の姿を見るに忍びずに、声をかけたのである。思わぬ出来事に「二人は絶えず感涙に咽《むせ》びた」と報ぜられている。

同行した有栖川宮は、皇太子が巡啓《じゅんけい》（皇后・皇太后・皇太子・皇太子妃の外出＝行啓《ぎょうけい》）を元気でこなされたことを見て、東京に帰るとすぐにさらなる長期巡啓のプランを練った。節子妃との結婚で皇太子の健康が回復しつつあり、巡啓で一般国民の広い世界を見聞することが、皇太子の心身の成長に良いと考えたのである。

■3．巡啓が育てた皇室への親近感■

その思惑《おもわく》どおり、皇太子は長期の地方巡啓に生き生きと取り組まれた。しかし、そのスタイルは明治天皇とは大きく異なっていた。明治天皇の場合は、事前に準備されたコース、スケジュールを厳格に守られたが、皇太子は随所で予定コースを変えたり、計画外の場所を訪問されたりした。その方が一般庶民の生活の実情を見聞したり、直接言葉を交わしたりすることができると考えたからだった。

たとえば明治三五（一九〇二）年の東北六県と栃木県を回る巡啓では、五月二六日に新潟物産陳列館で、岩の原葡萄《ぶどう》園製造のブドウ酒を見て、「ウム、そうか之《これ》が有名なアノ葡萄酒か」と感嘆され、その晩に葡萄園経営者・川上善兵衛のもとにご訪問の意思を伝えさせた。

皇太子は二九日に葡萄園を訪問されると、「如何《いか》にして醸造するや」「日本人が已《おの》れ一箇の資力にして是《これ》だけの事業を成せしは感心の至りなり」等々と発言されている。こうした御言動がそのまま新聞に報道され、人々は何を言い出されるのか予測のできない皇太子に初めて接して戸惑いながらも、皇室に対する親近感を抱いていった。

■4．「二〇世紀日本の最大のシンボル」■

明治天皇の行幸は陸軍大演習の視察の他は農村の状況や地方の特産物の天覧が中心だったが、嘉仁皇太子は学校、物産陳列所、製紙工場、製鉄工場などへの巡啓も多かった。これは「教育産業御奨励の御趣旨」から、と報道された。

明治天皇は主に船、馬車、あるいは駕籠《かご》で移動したが、嘉仁皇太子は一九世紀末最先端の交通機関である汽車を使われた。人々の歓送迎でも明治天皇の場合は提灯《ちょうちん》が使われたが、嘉仁皇太子の場合は電灯となった。

折しも電灯、電話、鉄道、舗装道路が全国に普及しつつある時期であり、地方では行啓をこうした近代化の絶好の機会と捉えた。明治四〇（一九〇七）年五月から六月にかけての山陰地方巡啓は、鳥取、島根両県が明治天皇の全国巡幸にも含まれていなかったため、両県知事の請願に基づいて行われた。

インフラの整備の遅れていた両県は、巡啓を絶好の機会として整備に取り組んだ。鉄道では山陰西線（現・JR山陰本線）の倉吉―鳥取間が巡啓の前月に開通。島根県内の鉄道開業は間に合わなかったが、出雲《いずも》地方での道路の舗装が急ピッチで進められた。電気は鳥取市内で、皇太子訪問の日にあわせていっせいに点灯されるよう準備されたほか、電話も主要都市で新たに架設された。

行啓直前に下見をした内務大臣・原敬《たかし》は「今回の行啓に付きては真に千載の一遇として人民の喜ぶ譬《たと》ふるに物なし」との驚きを日記に記している（原武史著『大正天皇』朝日文庫）。

一九世紀末から二〇世紀初頭は日本全体でインフラの整備が大車輪で進められた時期であった。一九〇〇年までの十数年間で鉄道の営業キロメートル数は一〇倍以上増えて六千キロに達した。一八九〇年に東京―横浜間で始まった電話サービスは、一九〇七年までに主要都市間での長距離電話が開通した。

一九〇五年に新聞の流通は一六〇〇万部を超え、一九〇七年には義務教育の就学率が一〇〇％に近づいた。アメリカの歴史学者フレドリック・R・ディキンソンは次のように総括している。

実際、嘉仁は一九〇〇年から天皇になる一九一二年までの間、行啓や近代国家形成の中で充実してきた鉄道、新聞、義務教育などの整備を通じて二〇世紀日本の最大のシンボルとなっていった。

（フレドリック・R・ディキンソン著『大正天皇——一躍五大洲を雄飛す』ミネルヴァ書房より）

■5．家庭生活でも二〇世紀日本の象徴■

嘉仁皇太子は家庭生活でも二〇世紀日本のシンボルとなった。皇太子と節子妃はヨーロッパの君主制にならって、結婚式当時から「同格の夫婦」として振る舞った。皇族、高官、各国公使の祝賀も二人並んで受けられた。

また結婚式後の三重、京都、奈良への九日間の行啓は伊勢神宮への報告が主目的だったが、節子妃も同行したため、実質的に皇室初めての「新婚旅行」となった。

お二人は子どもにも恵まれた。四人もの皇子が生まれ、健やかに成長していった。皇太子は子煩悩《こぼんのう》で、皇子たちと鬼ごっこしたり、食事後に節子妃のピアノ伴奏で一緒に合唱したりした。巡啓の際には、皇子たちへのお土産を購入される姿も新聞に報道された。

こうした光景を見た侍医エルヴィン・フォン・ベルツは「日本の歴史の上で皇太子としては未曾有《みぞう》のことだが、西洋の意味でいう本当の幸福な家庭生活、すなわち親子一緒の家庭生活を営んでおられる」と観察している。

皇太子が皇子たちと遊ぶ家庭生活の光景は、錦絵や写真で広く国民の間にも報道された。一般国民の家庭では一八九〇年代では親子別々に食事をとっていたのが、一九一〇年頃の明治末期には家族団欒《だんらん》の食事風景が普通になっていった。嘉仁皇太子は家庭生活の面でも近代化の象徴となっていたのである。

■6．「上下心を合わせての唱和」■

明治四五（一九一二）年七月三〇日の明治天皇崩御《ほうぎょ》に伴い、嘉仁皇太子は践祚《せんそ》し、大正と改元された。大正四（一九一五）年一一月一〇日には即位《そくい》の大礼が執り行われた。幕末の混乱期に行われた明治天皇の大礼に比べ、大正天皇の場合ははるかに規模も大きく、広く一般国民も参加するものとなった。

京都御所で行われた儀式では、皇族、政府高官、両院議員、外国公使など二千人余りが参列している。時の首相、大隈重信《おおくましげのぶ》が国民の代表として中心的役割を果たした。

20世紀日本のシンボルとなった大正天皇（1912年　提供：ullstein bild/時事通信フォト）

立憲政治の推進者である大隈に皇太子は好感を抱き、その意見によく耳を傾けていた。一般国民には、進んで民衆の中に入っていく大正天皇と民権を尊重する大隈のコンビが、新しい民主主義の象徴のように見えただろう。

午後三時、君が代斉唱、天皇の大礼勅語朗読の後、三時三〇分ちょうどに大隈の音頭で、日本全国で万歳三唱が行われた。京都では師団と第二艦隊が百一発の礼砲を放ち、全市の電灯が一斉にパッとつく。諸船舶、諸工場の汽笛が一斉に鳴り出し、諸学校の学生、諸会社の執務中の人々が一度に立ち上がって万歳を三唱した。

こうした光景が全国で同時に繰り広げられた。『大阪毎日新聞』は「国と言う国の世にも多けれど、かくばかり上下心を合わせての唱和はあらじと思われたり」と報じている。

歴史学者三浦周行《ひろゆき》・京都帝国大学教授は二〇世紀の初頭においてドイツ、ロシア、オーストリア、トルコなどの王室帝室が崩壊したのに対して、「独りわが皇室の日増しに隆昌を加えさせらるるは決して偶然ではあるまい」とし、その原因として「皇室と国民との間がいっそう接近した事」を挙げている。

■7．「全世界の代表者がもれなく集まった」■

大礼では世界各国の公使が参列したが、これもわが国史上初めてのことであった。大隈首相は「今回の如《ごと》く全世界の代表者がもれなく集まったと言う事は実に世界の偉観《いかん》で、我が国では空前のことであるが、東洋でもまた未曾有《みぞう》の盛儀《せいぎ》」と評している。

大正天皇の登場は欧米からも歓迎された。『ニューヨーク・タイムズ』は一ページ全面を使って大正天皇を紹介し、「嘉仁は日本の近代的精神に完璧に合致し、いろいろな意味においても父宮には達しなかったヨーロッパの風習に染められている」と評し、その例としてヨーロッパ式の東宮御所、洋装好み、一夫一婦制、節子皇后のテニス好きなどをあげている。

スペイン公使が来日した際には、会食の席で皇太子が長時間フランス語で会話し、公使や他の列国の使臣《ししん》を感激させたと伝えられている（原武史著『大正天皇』朝日文庫）。

明治天皇の御大葬で来日したアメリカの国務長官を歓迎した際も、「陛下はアメリカの長老と親しく話し、両国間の親密な関係にふれ、アメリカについて深い知識をしめした」と、『ウォールストリート・ジャーナル』は報じた（フレドリック・R・ディキンソン著『大正天皇――一躍五大洲を雄飛す』ミネルヴァ書房）。

欧米からの賓客《ひんきゃく》と親しく交際する日本の元首というイメージは、第一次大戦後、世界の五大国の一つとなった二〇世紀日本にふさわしいものであった。皇室史上初めて、裕仁皇太子を欧州歴訪に送り出して欧州各国から大歓迎を受けたことも、これに華を添えた。

■8．大正天皇の象徴された「平和大国日本」のビジョン■

一九一四（大正三）年から一九一八（大正七）年まで続いた第一次大戦は九〇〇万人もの犠牲者を出した。その反省から平和への希求が強まり、国際連盟が創設され、軍縮が進められた。その国際的リーダーシップをとった五大国の一つが日本であった。

原敬首相はパリ講和会議において「帝国は五大国の一として世界平和の回復に向かって努力するを得たり。ここにおいて帝国の位置一層重さを加ふると共に、世界に対する帝国の責任またますます重大なるを致せり」と高らかに宣言した。

国際連盟の発足と同時に、大正天皇は「世界大戦に就《つ》いて平和克復《こくふく》の大詔《たいしょう》」を発せられた。「平和全く復するに至りたるは、朕の甚《はなは》だ懌《よろこ》ぶ所なり」と平和の回復を喜ばれつつ、平和協定の成立と国際連盟の創設を「朕が中心實《じつ》に欣幸《きんこう》とする所なると共に、又、今後國家負荷の重大なるを」感じざるをえない、と日本の世界平和に対する責務の重さを説かれた。

そのうえで「萬國《ばんこく》の公是」に従い、「聯盟《れんめい》平和の實《じつ》」をあげることを国民に求めた。フレドリック・R・ディキンソンはこの大詔について次のように述べている。

五箇条の御誓文と同じく、平和克服の大詔は国民のあらゆる面に影響する根本的な改革の公式な声明文として読むべきである。そして、その最も根本には五箇条の御誓文と同様、世界における日本国の位置について劇的に新しいヴィジョンがあった。（同前）

明治天皇の「五箇条の御誓文」では「天地の公道に基づくべし」「知識を世界に求め」と欧米先進国に伍《ご》していく日本国のあり方を希求したが、大正天皇の「平和克復の大詔」では世界平和を担う五大国の一員として日本国の責務を謳っている。この「平和大国日本」こそ「劇的に新しいビジョン」であった。

日本が国際政治・外交において中心的な地位を占めるようになれたのは、武力や経済力だけではない。世界平和を希求する国際的リーダーシップを発揮した国であったからこそであった。そしてその象徴が切実に平和を希求された大正天皇であった。

大正時代の「平和大国日本」のビジョンと、それを象徴された大正天皇の事績は、大東亜戦争後、戦前のすべてを悪とする自虐史観によって覆《おお》い隠された。しかし現代の日本が「国際協調に基づく積極的平和主義」を求めるのであれば、すでにそのビジョンは大正日本によって示されているのである。

貞明皇后——暗き夜を照らしたまひし后ありて

ハンセン病（ライ）救済事業に尽くした人々の陰に、患者たちの苦しみを共に泣く貞明《ていめい》皇后の支えがあった。

■1．今の世でいちばん悲惨で気の毒なのは……■

明治三三（一九〇〇）年五月、皇太子（大正天皇）妃として入内《じゅだい》された節子《さだこ》妃（後の貞明皇后）に、美子《はるこ》皇后（明治天皇お后、後に昭憲《しょうけん》皇太后）は次のように語られた。

今の世でいちばん悲惨で気の毒なのは、ライを病む者ではないかと私は思います。この人たちを中国では天刑病《てんけいびょう》というらしいが、彼《か》の者らにだけ刑罰をくだすような無慈悲を天がなさろうはずがない。けど肉親までが忌み嫌い、家から放り出し捨てられ、社会からもまだ見捨てられています。病む身でありながら住む家もない流離《さすらい》の身では、その日の糧《かて》を乞《こ》うてこじきになり果てるより仕方ないでしょう。（中略）

幼いころに物見の台《うてな》から都大路《みやこおおじ》小路《こうじ》をよう眺めました。施薬院《せやくいん》の前に行列をつくり、うずくまっていた者の哀れな姿が忘れられませぬ。その多くはライ病患者であったと聞いて、よけい忘れられんようになりました。手足がくさり落ち、いざり歩かねば仕方ない。はては目も見えぬ、息をするのも苦しいという不治の病苦だけでも並大抵でない。私は入内まえ、后《きさい》さんになることは、あの人らの苦しみを軽うしてあげられるのやないかと、浅はかな娘ごころで嬉《うれ》しゅう思いましたんやが。

（出雲井晶著『天の声——小説・貞明皇后と光田健輔』展転社より）

施薬院とは、天平《てんぴょう》（西暦七二九〜七四九年）の昔、貧苦病苦に悩む人々を救うために、光明《こうみょう》皇后（聖武《しょうむ》天皇の后《きさき》）が設けられた施設である。九九九人の貧しい病人の垢《あか》を皇后自らのお手で洗われ、千人目に全身くずれ血膿だらけの者が現れると、皇后はその者も丹念に洗った上で、血膿を唇で吸って病苦をのぞかれたと言い伝えられている。

この光明皇后の再来の如くに、節子妃はこの時以来の五〇余年、救ライ事業に御心を注がれたのである。

■2．患者たちの和歌に■

大正四（一九一五）年一一月、大正天皇のご即位とともに皇后となられた節子妃は、光田《みつだ》健輔《けんすけ》を引見された。

光田は多摩のライ（ハンセン病）療養所、全生《ぜんしょう》病院の院長として、患者の収容・治療と、治療法研究に打ち込んでいた。明治三〇（一八九七）年に開かれた第一回国際ライ会議では、ライは伝染病で、患者を隔離する以外に伝染を食い止める方法はないと結論が出ていた。ヨーロッパの学者からは、日本人はライ病者を路上に捨てると言われており、国家として恥ずかしいことだが、そう言われても仕方のない現状だった。欧米のキリスト教伝道師たちが、療養所をつくり始めていたが、光田は国家的事業としてライ患者を収容・治療することが必要だと考えていた。

光田を後押しする渋沢栄一男爵《しぶさわえいいちだんしゃく》に連れられ、二人は宮城《きゅうじょう》の門をくぐった。節子皇后はそれまでに何度も女官名で金一封を全生病院に送られていた。

ありがとう。よう来てくれました。かねてから私は、この世でライを病む者ほど気の毒な人々はおらぬと思っております。聞くところによると光田は、ライ患者の治療を終生の仕事として貢献してくれているとか、ありがたく尊いことと、私からもお礼を言います。（同前）

皇后の慈愛のお言葉に、光田の涙はとまらなかった。渋沢は全生病院の患者たちの和歌を清書したつづりをお見せした。皇后は自らそれを詠み上げられ、周囲の女官達にもお聞かせになった。

萎《な》え果てし　右手に結びしフォークも　今は飯食《いひは》むに　重荷となりし
つひにつひに　母の臨終にも会へざりき　初秋の空　蒼き遠きふるさと

詠み終えられた皇后の閉じられた目から涙がこぼれ落ちた。

■3. 険しい道でありましょうが■

光田から妻子がいることをお聞きになると、皇后はこう言われた。

とかく世の中は上つらだけを見ます。皮膚に潰瘍ができ手足が不自由になり目も見えんようになる、そのつらさを思いやるより先に毛嫌いし、根強い偏見を持ってみる。その人々を治療してくれる得がたい医者でありましょうが、子どもたちが心ないいじめにあうということはありませんか。（同前）

長男喜太郎が小学校に上がるようになると、ライ病院の子と爪弾《つまはじ》きにされ、いじめられて泣いて帰ってくるのが、光田の悩みだった。父の仕事を、誇りを持って自覚させようとしても、小学校一、二年の幼さでは無理なことだった。

どうか険しい道でありましょうが、これからも積極的に救ライの仕事を進めてください。

（同前）

この皇后陛下のお言葉とともに、金一封とお菓子をいただいて退出した。

光田は患者たちと相談して、その金一封で茶の挿《さ》し木を買い求めて、病院内に植えてまわった。院内ではお茶にも不自由していたのである。「毎日、見に来る楽しみができた」「受け持ちを決めて水をやらにゃあ」。いっとき病苦も忘れた患者たちの明るい声が弾んだ。

光田が皇后陛下から金一封を賜ったことが新聞に出た途端に、学校ではぴたりといじめがなくなった。

■4．もう一生見ることもないと諦めていた紺碧の海に■

昭和五（一九三〇）年九月三〇日、瀬戸内海の小島、長島《ながしま》に国立ライ療養所「長島愛生園」が完成した。光田の長年の活動が国会を動かして予算を獲得させ、また反対する地元民を熱い意気込みで説得した末の成果だった。

ルネッサンス様式の本館は、藍《あい》色の海に良く映えた。色瓦《いろがわら》の病舎が緑の中に見え隠れしている。全生病院から移った患者八一名は、もう一生見ることもないと諦めていた紺碧《こんぺき》の海を涙ながらに見つめた。

長島愛生園の開設が新聞で伝えられると、全国から入園希望が殺到し、開園四か月で、四〇〇名の定員は軽く突破してしまった。岡山まで来た女性患者が、愛生園は満員だと聞き、絶望の余り川に身を投げて自殺するという事件まで起きた。光田は募金を集めて、木材を買い、技術を持つ患者たちの手で一〇坪住宅をつくるという構想を実行に移した。

昭和の御代となり、皇太后となられていた節子妃は、国立療養所の計画を聞かれてから、一〇年もの間、内廷《ないてい》費をきりつめて貯められた一〇〇万円もの金額を、朝鮮、台湾を含む全国の療養所に寄付された。このことが、今までライに無関心であった人々を目覚めさせた。宮内省職員たちの寄付による千代田寮（六棟）、神戸女学院関係者らによる神女寮（一棟）、など、数年のうちに千人以上の患者が収容できるようになった。

皇太后の下賜されたうちの一〇万円を基金として、ライ予防協会が設立され、渋沢栄一が会頭に就任した。初事業は親がライで入院して難儀している子どもたち四〇〇人を収容する施設をつくることで、喜ばれた皇太后は向こう一〇年間毎年一万円ずつ贈られることとした。

皇太后のお誕生日六月二五日は「御恵みの日」と定められ、毎年その前後一週間をライ予防週間とすることが決まった。

■5．恵の鐘■

長島の頂上にある光が丘には、東本願寺から贈られた鐘楼《しょうろう》が建立された。その鐘には、皇太后の次の御歌《みうた》が刻まれた。

つれづれの友となりてもなぐさめよゆくことかたきわれにかはりて

皇太后がお住まいの青山東御所の一角で、かえでの小生えが群生しているのを見つけられた。かえでは皇太后に最初に救ライ事業の大切さを説いた昭憲皇太后のおしるしである。皇太后は女官たちとともに、かえでの苗を育て、夏は青葉の陰に憩《いこ》い、秋はもみじを楽しむようにと、全国の療養所に二百本ほどの単位で贈ることを始められた。その時に一緒に贈られたのが、この御歌である。

皇太后の御歌を刻んだ鐘は、「恵《めぐみ》の鐘」と呼ばれ、朝夕に鳴り響いて時を告げた。患者として愛生園に住んだ歌人・明石海人《あかしかいじん》は次のような歌を遺している。

唱和する　癩者一千島山に　恵みの鐘は　鳴りいでにけり
そのかみの　悲田施薬のおん后　いま在《ゐ》ますかと　仰ぐかしこさ
みめぐみは　言はまくかしこ日の本の　癩者に生れて　われ悔ゆるなし

■6．プロミンの効果は間違いないのか■

戦争中にアメリカでプロミンという治療薬が開発されたという情報を得て、光田は戦後まもなくの昭和二一年から試用を開始した。歴史始まって以来、不治の病とされていたが、膿を出していた体が三か月から六か月できれいな皮膚に変わった。

昭和二二年、昭和天皇が岡山県にご巡幸された時に、光田はライについて、二〇分間のご進講をした。皇太后からのお話があったのだろう、陛下は「五〇年間も、よく救ライ事業に尽くしてくれました」と語りかけられた。生物学者である陛下は、ライ菌に関して詳しくお尋ねになり、「プロミンの効果は間違いないのか」と聞かれた。

只今、懸命に試用をくり返しております。十年は見守る必要があると存じますが、この治療が進みましたならば不治とされたライが全治し、患者が消滅する日も遠くはない、前途は明るいと信じます。（同前）

光田が、最後に皇太后の長年にわたる数知れぬ恩賜が、社会のライ者への意識を変えることにつながりました、とお礼を申し上げると、陛下はうなずかれて言われた。「プロミンが早く皆に行きわたるといいね」。

■7．暗き夜を照らしたまひし后ありて■

昭和二六（一九五一）年五月一七日、皇太后が六六歳で崩御された。ご大喪の儀には、ご生前から救ライ事業に御心をかけられていたご縁で、全国の療養所長が特に参列を許された。入内に際して昭憲皇太后から救ライのお志をお聞きになってから、はや五一年の歳月が流れていた。

ご追号《ついごう》の貞明皇后《ていめい》は、「日月の道は貞《ただ》しくして明らかなり」という古典からとられた。日月の如《ごと》く「聡明仁恵《そうめいじんけい》にして用を省き治ライに資し幽明《ゆうめい》の天地に光明をあたえたまえり」と説明されていた。

65歳の皇太后（貞明皇后）と16歳になられた皇太子殿下（現在の天皇陛下）（提供：朝日新聞社/時事通信フォト）

昭和天皇は母皇后の御遺志をしのばせられて、そのご遺金すべてを救ライ予防協会に下賜されることとした。政府はこのご遺金を核にして「貞明皇后記念救ライ事業募金の運動」を創設することにした。戦後の激しいインフレで、手の届かなくなっていた患者や遺族、未感染児童の擁護《ようご》を目的としていた。

その年の一一月三日、光田は皇居で文化勲章《くんしょう》を授与された。

三六年前、貞明皇后に初めて拝謁した日のことがありありと思い出された。

患者や私たちと共に泣いてくださる悲母のお姿を皇后さまに視、自分はあの時のことを心の支えにここまで来ることができたのだ。

ご仁慈は国中の人びとを啓蒙し、それが施設の充実にもつながっていったのだ。そのおかげがあってこその、今日の晴れがましい栄誉ではないか。それに、そのお方皇太后さまはこの世にもう、ましまさぬ。(同前)

天皇陛下ご臨席のもと、授章式が執り行われ、陛下お招きの昼食会を終えて退出すると、光田はその足で貞明皇后がお鎮まりになる多摩御陵《たまごりょう》に向かった。

暗き夜を照らしたまひし后《きさき》ありてライ絶ゆることも聞くべくなりぬ（千葉修）

明治天皇と日露戦争

明治天皇の大御心のもと、国民は「私」に根ざした「公」に立ち上がった。

■1．近づく怪雲■

ロシアが全満洲《まんしゅう》を占領したのは、一九〇〇年一〇月。その過程で、七月には黒竜江《こくりゅうこう》東岸ブラゴヴェシチェンスクにおいて、シナ人三千人を駆り立て、黒竜江に突き落として虐殺《ぎゃくさつ》するという「黒竜江上の悲劇」を引き起こした。

ロシアが満洲、朝鮮と南下すれば、虐殺されたシナ人の運命は、明日のわが身かも知れない。当時、第一高等学校の記念寮祭歌として作られた「アムール川（黒竜江）の流血や」はその予感を伝える。

アムール川の流血や　氷りて恨み結びけん
二十世紀の東洋は　怪雲空にはびこりつ

ロシアは一九〇三年、韓国領の竜岩浦《りゅうがんぽ》（鴨緑江河口《おうりょくこう》）を軍事占領し、要塞《ようさい》化を進めた。韓国がロシアの勢力圏に入ってしまえば、日本の独立も風前の灯《ともしび》である。こうして「怪雲」の予感は、着々と現実のものとなっていった。

民のため心のやすむ時ぞなき身は九重《ここのえ》の内にあるとも

緊張の高まる中で、明治天皇が詠まれた御製《ぎょせい》である。

2．決死の宣戦布告

明治三七（一九〇四）年、五か月の対ロ交渉でもロシアの侵略意図をとどめることができず、我が国はついに宣戦布告を行った。もとよりロシアは世界の大国、勝てるという見込みの立たないままの決断であった。当時、伊藤博文は次のように語っている。

若《も》し不幸にして戦利あらず、韓半島露軍（ロシア軍）の奄有《えんゆう》（占領）するところとなり、旅順及び浦塩斯徳《ウラジオストック》の艦隊我が海軍を撃破し、我が海洋を制圧するに至らば、余は自ら銃剣を挈《ひっさ》げて卒伍（一兵卒）に投じ、敵兵をして一歩だも我が領土を踏まざらしむべし。

（宮内庁編『明治天皇紀』吉川弘文館より）

いざとなれば、自ら一兵卒になって祖国防衛の第一線に立つ、というのである。負ければ、他のすべてのアジア、アフリカ諸国と同様、植民地として隷従《れいじゅう》しなければならない。この危機感は明治天皇から国民までが共有したものであった。

事乃一蹉跌《ことのいちさてつ》を生ぜば（失敗するようなことがあれば）、朕《ちん》何を以てか祖宗（御祖先の歴代の天皇方）に謝し（お詫び申し上げ）、臣民に対するを得んと、忽《たちま》ち涙潸々《さんさん》として下る。（同前）

明治天皇は、もしそのようなことがあれば、皇室の祖先と国民に対してお詫びのしようもない、と涙を流された。

よもの海みなはらから（筆者補注：同胞）**と思ふ世になど波風のたちさわぐらむ**

この時期の御製である。ちなみに、この御製は昭和天皇が対米開戦に際して拝誦《はいしょう》されて、外交的解決を主とすべきことを説かれたことでも有名である。皇室の国際平和への祈りの籠《こも》った御製なのである。

■3．満洲の寒さ■

戦場となった満洲の寒さは厳しい。しかしその寒さにも兵士らがまず思うのは、故郷に残した家族のことであった。

　このごろ寒さ一入《ひとしお》に厳しければ故郷に病める母の御身の上を思はれて

病なき我だに寒しこの頃はいためる母のいかがあるらむ

こうして寒さに耐えて戦う兵士たちのことを思われて、日露戦争の最中、天皇は部屋の暖房を入れることを許さなかった。しかも、食事と睡眠の時を除いて、終日、執務室で過ごされた。その生活では気温の急変も、すぐに感じられたであろう、次のような御製を詠まれている。

いたで（筆者補注：戦傷）おふ人のみとりに心せよにはかに風のさむくなりぬる

急に寒さが増して、即座に思われるのは、戦傷を負った兵士らの看取りであった。

寝覚めしてまづこそ思へつはもの（筆者補注：兵士）**のたむろ**（同前：集まっている所）**の寒さいかがあらむと**

目が覚めて、朝の寒さにまず気づかわれるのは、大陸の寒さの中で戦っている兵士らのことであった。

■4. 戦地の夫を思う歌■

明治三八（一九〇五）年一月一九日、恒例の新年歌御会始《うたごかいはじめ》が開かれた。歌会始は皇室と国民が和歌を通じて心を通わせ合う場である。国難に際してこそ、開く意義のある会であった。

この年の御題は「新年の山」。多くの国民が詠進した中で、選ばれた歌が明治天皇・皇后をはじめとする聴衆の前で詠まれていく。そのうちに、講師が「山梨県平民陸軍歩兵二等卒大須賀昌二妻、まつ江」と詠み上げた。戦時中だったからであろうか、いつもは微動だにされない天皇も、この時ばかりは講師の方を向かれて、詠み上げられる歌をじっとお聞きになっていた。

新年山
つはものに召出《めしいだ》されし我背子《わがせこ》はいづくの山に年迎ふらむ

召集された自分の夫はどこの山で新年を迎えているのだろうか、という妻の歌であった。いつもの新年は一緒に迎えるのに、この年は別々である。無事で新年を迎えてくれていれば、との思いもあったのではないか。日本中で、このように多くの妻が夫を思い、母親が息子を思っていたろう。

天皇はひときわ感慨深くお聞きになった様子で、のちにこの詠進歌をお聞きになった感想か、以下の御製を詠まれている。

あらたまの年たつ山をみる人のこころごころを歌にしるかな

歌会始という「公」的な場で、このような「私」の心が歌い上げられ、それを天皇が感慨深くお聞きになる。そのような共感の世界から、国難に向かうエネルギーが湧き上っていく。日露戦争中の将兵や銃後の国民の歌を集めた『山桜集』を読むと、当時の国民がどのような気持ちでこの大戦に処したかが感じとれる。

家を出づる時よめる

父の顔見覚え居よと乳児《ちご》にいへどちご心なく打ち笑みてのみ

出征《しゅっせい》の時に、これが最後かとも思い、父の顔を覚えていてくれよと、わが子を抱いて見つめるのだが、幼児はあやされているのかと思い、無心に笑うばかりである。

片言に君が代歌ういとし子のすがた写して夫《つま》におくらむ

夫の出征の間に成長して、片言で君が代を歌う子どもの写真を、夫に送ろうというのである。

旅順攻囲雑詠

たまたまに稚児とあそべる故郷のゆめおどろかす大砲《おおづつ》の音

故郷でわが子と遊んでいる楽しい夢を、突然破るのは野戦の大砲の音であった。

5.「私」に根ざした「公」

山桜集の圧巻は、猿田只介という教師出身の一兵卒が残した次の連作である。

出征の折よめる

待ちわびし召集令をうけしより心おどりぬなにとはなしに

君のため国の為なりとはいへど老いしちち母思はぬにはあらず

勇ましき働きせよといひさして涙に曇る母のみことば

ふた親に妾《わらわ》つかへむ国のためいざとはげますけなげなる妻

門の辺《べ》に送るみ親ををろがめば泣かじとすれど涙こぼるる

手をつかへなみだぐみたる教子《おしえご》の姿を見れば胸さけむとす

いざやいざ朝日のみ旗おしたててふみにじらなむ露の醜草《しこぐさ》（ロシアにかける）

召集令を待ちわびるという「公」の気持ちも、いざ出征となると、「老いしちち母思はぬにはあらず」と「私」の気持ちが頭をもたげる。母親も「勇ましき働きせよ」と言いさしては「涙に曇る」。このような「公」と「私」の葛藤《かっとう》の果てに、ふたたび「いざやいざ」と戦場に向かう。

一首目の「待ちわびし召集令」という気持ちは、「公」に向かったものだが、それはまだ残される家族への「私」の情は十分入っていない。しかし老いし父母や妻、教え子らの姿を通じて、自分にとって大切な人々を守ろうという「私」の情の後に生まれ出た最後の「いざやいざ」の歌こそ、「私」に根ざしたより深い「公」への気持ちである。

自分の家庭、家族を守っていたい、という「私」の情は、人間だれでもが持つ自然の人情である。しかし皆が小さな「私情」だけとなってしまえば、アムール川で虐殺されたシナ人のように「私」すら守れないことになってしまう。「私」を守るためにこそ、「公」に向かわねばならない時もある。

「公」を無視した「私」だけでは利己主義の社会となる。「私」を無視した「公」だけでは、全体主義である。『山桜集』や歌会始の入選歌にも見られるように、日露戦争は一人ひとりの将兵が家族への「私情」を吐露《とろ》しつつ、それを守ろうと「公」のために立ち上がった戦いであった。極東の黄色人種の小国が、世界最大の陸軍を持つ白人国家に勝った最大の要因は、国民一人ひとりが「私」に根ざした「公」に立ち上がった強さであろう。

■6．進軍の道すがら■

軍人《いくさびと》すすむ山路をまのあたり見しは仮寝のゆめにぞありける

明治天皇は夢の中で、日本軍将兵らの行く山路の様子を見られることもあった。その進軍の道すがら、敵兵の死体にそっと花を手向《たむ》ける者もいた。

進軍の道すがら（陸軍少将　中村寛）

道すがらあた（筆者補注：敵）**の屍《かばね》に野の花を一もと折りて手向けつるかな**

敵として戦っても、戦い終われば、人として「いつくしむ」ことを忘れてはならぬ、という天皇の次の御製を体現した武人の情けであった。

国のためあだ（筆者補注：仇）なす仇はくだくともいつくしむべき事な忘れそ

明治天皇は戦闘の報告を受ける際に、「我が軍の損害は、この度は甚《はなは》だ僅少《きんしょう》でございました」と聞かれると、心からの安堵《あんど》を示されたが、「敵軍の死傷は多数でございました」との奏上には、ご表情はたちまち曇って、ご心痛の様をありありと浮かべられた、という（『明治天皇紀』）。

「よもの海みなはらから」の祈りは、言葉の上だけではなかったのである。

■7．「武士の名誉を保たしむべき」■

明治天皇の敵への慈《いつく》しみがよく窺《うかが》われるのは、両軍合わせて約八万七千人もの死傷者を出した旅順攻囲戦《りょじゅんこういせん》でロシア軍が降伏した後の水師営《すいしえい》の会見である。通常、降伏した側は、帯剣は許されないが、明治天皇から「陛下ニハ、将官ステッセルカ祖国ノ為メ尽セシ苦節ヲ嘉《よ》ミシ玉ヒ、武士ノ名誉ヲ保タシムヘキ」との聖旨を受けた乃木希典《のぎまれすけ》将軍のはからいで、ステッセル将軍以下、軍装の上、勲章をつけ帯剣していた。

ステッセル将軍は乃木将軍と会見した際に、この明治天皇の思召《おぼしめ》しを伺《うかが》って、感涙を禁じ得なかった、と語った。

同地にはアメリカの従軍映画技師もいて、この会見を映画撮影したいと申し入れていた。しかし、乃木将軍は敗軍の将にいささかも恥辱《ちじょく》を与えてはならないとこれを許さず、一枚の記念写真だけを認めたのであった。

その写真では、日本軍とロシア軍の幹部が仲良く肩寄せ合って並んでおり、あまりにも自然に親しげにしているので、あたかも同盟国どうしの軍事演習での記念写真かのように見える。

会見の模様は、この写真とともに全世界に報道された。武士道精神に基づく乃木の仁愛と礼節にあふれた態度は世界に感銘を与えた。

この六年後、乃木はイギリス国王戴冠式《たいかんしき》に参列される東伏見宮依仁親王《ひがしふしみのみやよりひとしんのう》に東郷平八郎とともに随行してイギリスを訪問したが、イギリスの一新聞は「各国より多数の知名の士参列すべきも、誰か東郷、乃木両大将とその光輝を争いうる者があろう」と報じている。

その後、乃木はフランス、ドイツ、オーストリア、ルーマニア、トルコなどを歴訪したが、ある欧州人は「彼がほとんど全欧州諸国より受けた王侯に対するがごとき尊敬と希にみる所の賞賛」と形容している。

世界各国の人々から称賛された明治天皇（提供：時事）

■8．平和回復の奉告■

かくのごとき将兵と国民の奮戦により、日露戦争はかろうじて日本の勝利に終わった。明治三八（一九〇五）年一一月、明治天皇は伊勢の神宮に参拝して、平和回復の奉告をされた。

ひさかたのあめにのぼれるここちして五十鈴の宮にまゐるけふかな

もし戦いに敗れれば国が亡びるかもしれない、との重圧のもと、「民のため心のやすむ時ぞなき」と過ごされたこの二年間であった。それが無事に終わって、「あめ（天）にのぼれるここち」で天照大神《あまてらすおおみかみ》に奉告されたのである。

神前での御告文《おつげぶみ》は次のような内容であった、と伝えられている。

皇大神宮《こうたいじんぐう》の大前に申し上げます。さきにロシア国と開戦になりましてから、陸海軍の軍人たちは身をかえりみず陸に海にと勇敢に敵にいどみ、事態を平穏に解決いたしました。このように速やかに平和を回復できましたことは、大神の広く大きなご神威によるものと思いますゆえ、そのことを奉告しようと今日ここに参拝いたしました。どうかこれからも、皇室をはじめ日本国民はもちろんのこと、世界各国の人々を末永くお守り下さい。

（明治神宮編『明治天皇さま』鹿島出版会より）

ここには「戦勝」の言葉はない。「平和回復」である。戦争はロシアの東亜侵略から国を守るために行われたのであって、それを防いで、平和が回復できたことを神に感謝しているのである。しかも、末永くお守り下さい、と祈られる対象には「世界各国の人々」も含まれていた。その中には当然、ロシアの人々も含まれている。

天皇の朗々たるお声は神宮の神々しい森に響いた。しかしその頭髪には白いものが交じり、直立の姿勢もやや前かがみとなっていた。お姿の変貌ぶりに、側近の人々は「陛下の二年間の御苦労はどれほど大変なものであったろう」と万感胸に迫るものがあった。

明治四五（一九一二）年七月三〇日、明治天皇が崩御されると、世界中の新聞が偉大なる治世を回顧する記事を掲載したのは、拙著『世界が称賛する 国際派日本人』（育鵬社）で紹介したとおりである。その中にはロシアの『ノーヴォエ・ヴレーミヤ』紙もあった。

陛下の御晩年に当たり、我々が幾多の苦痛をなめたるにもかかわらず、その崩御の日に際しては全ロシア国民は謹んで満腔《まんこう》の弔意を表すに躊躇《ちゅうちょ》せず。けだし敵味方たるを問わず偉人は依然として偉人であるからである。

昭憲皇太后と"Empress Shoken Fund"

一〇〇年以上も世界の福祉に貢献し続けている国際赤十字の「昭憲皇太后基金」を生み出した精神とは。

■1."Empress Shoken"のTシャツ■

その写真には、一〇数人の青年たちが笑顔で賞状らしきものを胸の前に掲げて写っている。揃《そろ》いの白いTシャツには、王冠とドレスをまとった女性の姿がプリントされている。その下には"Empress Shoken"との文字が見える。明治天皇のお后《きさき》であった昭憲皇太后《しょうけんこうたいごう》である(明治天皇御存命中は「皇后」であるが、以下、「皇太后」に統一する)。

ここは南太平洋のバヌアツ。ニューギニアから南東に三千キロ離れた所にあり、合計面積が新潟県ほどの八三の島に、約二四万人の人々が住んでいる。

青年たちが手にしているのは、救急法、災害対策、人道支援のあり方などを教える「いのちの教育」の修了証書である。バヌアツでは貧しくて教育も受けられず、勤め先も限られて

昭憲皇太后のお姿がプリントされたTシャツを着るバヌアツの若者たち
（提供：バヌアツ赤十字社）

いるので、学校にも行かず仕事もしない若者が多かった。その結果、麻薬や酒の誘惑に負け、犯罪に手を染めるケースも少なくない。

「いのちの教育」は、台風や洪水の頻発《ひんぱつ》するこの国で、若者に災害救助などを教え、社会に役立つ存在になることで、若者自身を立ち直らせようというプロジェクトである。合計で二一六名の青年が受講した。「赤十字の活動に参加することで、他人を助けることができるし、そのことで自分をコントロールできるようになった」と一人の青年は語る。

かつてのマリファナ常習犯が警官になった、という例もある。また自発的にお年寄りを助けるボランティア活動を始めた若者たちもいる。彼らが活動時に着るユニフォームが、この昭憲皇太后のTシャツなのである。このプロジェクトは二〇一一年にEmpress Shoken Fund（昭憲皇太后基金）から約四百万円の助成を得て実行されたものだった（今泉宜子著『明治日本のナイチンゲールたち――世界を救い続ける赤十字「昭憲皇太后基金」の一〇〇年』扶桑社）。

■2. The Empress Shoken Fund（昭憲皇太后基金）■

この基金は、昭憲皇太后が明治四五（一九一二）年に国際赤十字に下賜された一〇万円（現在価値で約三億五千万円）をもとに創設され、その利子を用いて、現在までに、戦時中の昭和一九（一九四四）年を除いて一〇〇余年にわたって、世界一六一以上の国と地域に総額約一一億円が分配されてきた。

発足後も皇室や日本政府、明治神宮などが寄付を続け、現在では基金総額は一八億円以上となっている。助成プロジェクトの選定結果は、毎年四月一一日、昭憲皇太后のご命日に、スイスのジュネーブに本部をおく赤十字国際委員会から発表される。

イギリスの文学者ワエリクス・バウマンは著書『日本の少女』の中で、次のように述べている。

皇后陛下は、日本の新しい時代を切り開くためにご努力されたばかりでなく、貧しい人々の救護や、その他の慈善事業に対して、たいへんなご努力をなさった。皇后さまの最大のご功績は、社会福祉の精神を日本の社会に根付かせたことにある。そして、赤十字事業の国際的な発展の陰にも、皇后陛下のご援助を蒙っているところが大きいのである。

（明治神宮編『昭憲皇太后さま』鹿島出版会より）

以下、昭憲皇太后がどのようなお考えで、こうした努力をされたのか、たどってみよう。

■3.「世界人類に向け、人種や国境を越えて福祉に寄与すべき」■

国際赤十字の活動は、当初は戦時に傷ついた将兵を敵味方に関わりなく手当てすることを目的としていたが、それをさらに災害救援や感染症対策など「平時救護事業」に大きく広げたのが、昭憲皇太后の思召《おぼしめ》しだった。

一九一二(明治四五)年、アメリカ・ワシントンD.C.で開かれた第九回赤十字国際会議で、基金設立の提議文を読み上げた日本代表は、その冒頭で、昭憲皇太后から次のような思召しがあったことを紹介した。

赤十字事業の意義は、慈しみという、人類普遍の精神に求めるべきであり、しかもこの事業には国境があってはならない。戦争のない平和時にあって各国の赤十字社が互いに助け合うとき、世界ははじめて、本当の意味で親睦の和を結ぶことができる。赤十字の使命は、人類の幸福と平和に寄与することである。(同前)

世界各国の委員は深い感銘を受け、その大御心《おおみごころ》を永遠に記念するために「昭憲皇太后基金」と名付けた。時の米国大統領タフトは皇后に感謝の電報を送り、その中で「皇后陛下は、この慈愛にして崇高なご行為によって、赤十字が世界人類に向け、人種や国境を越えて福祉に寄与すべきであることをさとされた」と述べた（明治神宮『昭憲皇太后さま』鹿島出版会）。

ここに赤十字は、「世界人類に向け、人種や国境を越えて福祉に寄与すべき」国際団体として、大きな一歩を踏み出したのである。昭憲皇太后は次の御歌を詠まれている。

日のもとのうちにあまりていつくしみ外國《とつくに》までもおよぶ御代かな

（日本から溢れ出た慈しみが外国にまで及ぶ御代となったことだ）

「親睦の和」を世界が結んだ一例は、東日本大震災の際に示された。日本赤十字社社長、国際赤十字・赤新月社（イスラム諸国では宗教的理由から「十字」のかわりに「新月」を使う）連盟会長の近衛忠輝《このえただてる》はこう語る。

東日本大震災では、昭憲皇太后基金の配分対象となった多くの発展途上国からも、感謝の意を込めて救援のための寄付金が寄せられました。それは金額の問題以上に、人道で結ばれた『連帯の精神』の現れでありました。

（今泉宜子著『明治日本のナイチンゲールたち——世界を救い続ける赤十字「昭憲皇太后基金」の一〇〇年』扶桑社より）

■4．皇室による「窮民救恤《きゅうじゅつ》」■

そもそも近代日本における社会福祉は皇室が先導された。明治政府による公的救済活動はまだ限られていたため、その空白を埋めたのが皇室の活動だった。

明治天皇は践祚《せんそ》後わずか二年半の明治二（一八六九）年八月に「窮民救恤《きゅうじゅつ》の詔」を発せられ、維新の戦乱で家を焼かれ、生業を失い、またその年の冷夏による不作で困窮する国民を助けられることを宣言された。宮廷費七万五千石から一万二千石を節約して、その救恤にあてられたのだった。

明治一〇（一八七七）年からの西南《せいなん》戦争では、佐賀藩出身の佐野常民《つねたみ》が欧州留学で学んだ赤十字活動を実践しようと、皇室の許可を得て「博愛社」を設立し、九州と大阪で臨時病院を設置して救護活動を行った。

博愛社は明治一六（一八八三）年以降は、皇室から毎年三〇〇円の御手元金を下賜されて基本的な活動資金とした。明治二〇（一八八七）年、両陛下は博愛社を皇室の保護のもとに運営されるご意思を示され、名称を「日本赤十字社」と改め、万国赤十字社本部に加入することが決まった。

以後、両陛下から毎年下賜金があり、また明治二三（一八九〇）年には病院建設用地として東京府内の一万五千坪を下賜された。現在の日本赤十字社医療センターである。

当時は欧米と同様、戦時の傷病兵を救護することだけを行っていたが、明治二一（一八八八）年七月の福島県磐梯山《ばんだいさん》の噴火では多くの死傷者が出て、昭憲皇太后は日本赤十字社に命じて、救護班を被災地に向かわせ、多額の金銭的援助もされた。これを契機に日本赤十字社の社則に「天災救護施」が加えられた。

その後、明治二四（一八九一）年、一四万二千余戸が全壊した濃尾《のうび》地震、明治二九（一八九六）年、二万二千人の死者が出た明治三陸大津波など、大規模災害が続き、日本赤十字社が災害救助にあたった。皇太后は大小様々な天災の都度、救恤として御下賜金を送られ、明治期全体では合計二六五件にも及んでいる。

また、その頃から海外の窮民にも救恤が行われていた。明治三五（一九〇二）年、カリブ海の仏領マルティニーク島でのプレー火山の大噴火、明治四一（一九〇八）年、イタリアのシシリー島を襲ったメッシーナ地震にも、巨額の救恤金を送られている。「人種や国境を越えて福祉に寄与すべき」は、すでに実践されていたのである。

5．包帯製作とお見舞い

皇太后は明治二〇（一八八七）年の東京慈恵《じけい》医院開院の際に、病院事業奨励の令旨《りょうじ》をくだされ、その中で、天平《てんぴょう》年間に聖武《しょうむ》天皇の后であった光明《こうみょう》皇后が、貧しくて治療を受けることのできない民のために施薬院を設けた逸事に言及し、「祖宗の遺志」を継ぐべきことを念願されている。明治時代の社会福祉への取り組みは、そのまま一千年以上も続く皇室伝統の実践であった。

皇太后の窮民への仁慈は御下賜金だけには留まらなかった。明治一〇（一八七七）年の西南戦争では、お手づからガーゼを作られ、大阪と戦地の病院に送られた。明治二七（一八九四）年の日清戦争では、包帯の製作をされた。宮中の一室に製作所を設けられ、近侍の女官たちとともに、看護婦さながらに白衣を召されて包帯製作に励まれた。明治三七～三八（一九〇四～一九〇五）年の日露戦争でも、包帯製作に勤《いそ》しまれ、皇太子妃殿下（大正天皇のお后、貞明《ていめい》皇后）とともに、包帯一二巻入りの缶を二〇〇缶も戦地に送られた。兵士の中には、その包帯を使わずに持ち帰って家宝にした者もいた。

日清戦争さなかの明治二八（一八九五）年三月、皇太后は明治天皇が大本営をかまえられた広島にお出ましになり、広島陸軍病院と呉《くれ》の海軍病院を慰問された。

これらの病院は開戦後、にわか仕立てでつくられた掘っ立て小屋のような建物で、関係者はこのような粗末な場所に皇太后がお越しになるのは畏《おそ》れ多いと辞退したが、皇太后は「患者慰問のために来たのですから、どんなに建物が見苦しくても見舞いに行きます」と押しきられた。

各病室では患者それぞれに病状をお聞きになり、御言葉を賜った。起き上がって姿勢を正そうとする兵士たちには、「起きるに及ばず。大事にせよ」と仰《おっしゃ》った。今日の両陛下の被災者お見舞いそのままの光景である。また戦争で手や足を失った兵士には、義手や義足を下賜された。その御仁慈は手足を失った敵兵にも及んだ。

6．皇室の率先垂範が国民を動かした

「社会福祉の精神を日本の社会に根付かせた」と前出のバウマンは語ったが、皇太后は国民に直接語りかけることでも、その役割を果たされた。

皇太后は明治三五（一九〇二）年一〇月二一日、日本赤十字社第一一回総会に行啓《ぎょうけい》し、お言葉を述べられた。会場は皇后陛下を間近にうかがおうとする人々で超満員だった。日本滞在中に、そうした大会に出席したことのある英国公使夫人メアリー・フレイザーは、皇太后が「いかに人心を惹《ひ》きつけられるか」を目の当たりにし、こう書き留めている。

皇后陛下は、大いなる興奮と尊敬に満ちた沈黙のなかを、書類をたずさえてすすまれ、はっきりとした声でその内容をお読みになりました。それはほんとうに驚くべきこと――これ

まで私が日本で見たもっとも現代的な光景でした。

（メアリー・フレイザー著 ヒュー・コータッツィ編 横山俊夫訳『英国公使夫人の見た明治日本』淡交社より）

「現代的」というのは、それまでの歴代皇后は内裏《だいり》に引きこもって、人目には触れずに生活されていたからである。昭憲皇太后は皇后として初めて洋服を着られ、このように多数の国民の前で御言葉を述べられたのであった。

前述のメッシーナ地震に際しては、両陛下はイタリア政府に金一万円を寄贈されたが、民間でも「伊国震災義捐《ぎえん》金」が集められ、寄付金の総額は七万一七〇〇〇円に達した。皇室の率《そっ》先垂範《せんすいはん》が「社会福祉の精神を日本の社会に根付かせた」一例である。

■7.「一つ屋根の大家族のように」■

日本が早急な近代化を通じて、欧米諸国と伍《ご》してやっていくための明治天皇の努力がいかに世界から称賛されたかは、拙著『世界が称賛する 国際派日本人』（育鵬社）で述べたが、社会福祉の分野でも発展を実現してその一翼を担おう、というお志を皇太后は持たれていた

日本赤十字社第11回総会に行啓し、おことばを述べられる昭憲皇太后（明治35年10月21日　湯浅一郎作「赤十字社総会行啓」聖徳記念絵画館所蔵）

ようだ。そのため、欧米から戻った公使夫人や女子留学生を召しては、彼の地の状況を熱心に尋ねられた。

皇室史上初めて洋服を着られ、外国人を謁見《えっけん》し、大勢の集まる集会でスピーチをする、などは、そのご努力の一環である。そして、その努力と、天性の慈愛と聡明さが、欧州の王室にも負けない気品を生み出した。英国公使のマクドナルドは、皇太后に拝謁するたびにこんな感想を語った。

数カ国の宮廷に出入りしたが、日本の皇后のように風格が高いお方を見たことがない。皇后は実に慈愛と権威とを有する天使である。

（明治神宮編『昭憲皇太后さま』鹿島出版会より）

明治二〇年前後に宮内省顧問として欧州式の宮廷儀式導入を助けたドイツ貴族のオットマール・フォン・モールは、皇太后の「思いやりのある人柄、おのずとにじみ出る心のあたたかさ、それにけだかい考え方」を称えて、皇后を「宮中のたましい」と呼んだ。

アメリカの新聞『クリスチャン・ヘラルド』紙の論説委員であるクロブッシュは、皇后が明治四〇（一九〇七）年にノーベル賞候補者に推薦されていたことを明らかにした、と当時の新聞は伝えている（明治神宮『昭憲皇太后さま』鹿島出版会）。これは赤十字国際会議で、基金設立の発議を行う五年前である。皇太后の社会福祉への取り組みはすでに欧米でも高く評価されていたのである。

昭憲皇太后は皇室の伝統的な国民への仁慈《じんじ》を基盤として「社会福祉の精神を日本の社会に根付かせ」、さらに「昭憲皇太后基金」として「世界人類に向け、人種や国境を越えて福祉に寄与すべき」を示された。

それは明治天皇の「よもの海みなはらから（同胞）」の大御心《おおみごころ》の実践であるとともに、次章で述べる神武《じんむ》天皇の「一つ屋根の大家族のように仲良く暮らそう」という理想がグローバルに広がった瞬間であった。

孝明天皇の闘い——澄ましえぬ水にわが身は沈むとも

幕末の危機に、孝明天皇は一身を顧みず、国内の一致結束と国家の独立維持のために闘った。

■1．「孝明天皇が攘夷にあそこまでこだわらなかったら」■

幕末・維新前夜、開国か攘夷《じょうい》かを巡って国論が割れ、混乱した時代に、明治天皇の父君である孝明《こうめい》天皇の果たした役割が改めて評価され始めている。

「孝明天皇が攘夷にあそこまでこだわらなかったら、日本の幕末史はまったく違ったものになったと考えられる」とは、幕末史の研究家・家近良樹《いえちかよしき》・大阪経済大学教授の言である（家近良樹著『孝明天皇と「一会桑《いっかいそう》」——幕末・維新の新視点』文春新書）。

近世史を専門とする藤田覚《さとる》・東京大学名誉教授は、さらに具体的に、次のように指摘している。

もし、江戸幕府が求めたとおりに通商条約の締結を勅許《ちょっきょ》していたならば、その後の日本はかなり異なった道を歩んだのではなかろうか。

たとえば、反幕府運動、攘夷運動の高揚による幕府の崩壊とともに、幕府と一体化した天皇・朝廷もともに倒れ、その千数百年の歴史にピリオドを打つという事態も想定される。また、外圧に屈伏した幕府・朝廷に対する反幕府反朝廷運動と、攘夷運動の膨大なエネルギーの結集核が不在のため、長期に内戦状態が続き、植民地化の可能性はより高かったのではないか。

（藤田覚著『幕末の天皇』講談社学術文庫より）

本編ではこうした「異なった道」を身をもって防いだ孝明天皇の闘いの様をたどってみよう。

■2．揺らぐ幕府の権威、高まる朝廷への期待■

江戸時代、京都の御所でひっそりと民の安寧を神に祈っていた皇室で、最初に幕府の政治に口を挟んだのが孝明天皇の祖父・光格《こうかく》天皇だった。詳しくは後述するが、天明《てんめい》七（一七八七）年の大飢饉《ききん》の際に米価が高騰した折、幕府の無策により、お膝元《ひざもと》の江戸でも民が打ち壊し（暴動）を起こした。

幕府に愛想を尽かした民は皇室に助けを求めた。困窮した人々が神社で祈るような気持ちで、御所の周囲を回り始めたのである。その数、一日数万人に及んだ。

光格天皇は、古代の朝廷が全国の窮民に米や塩を送った例をあげて、幕府に救済措置がとれないか、と打診した。朝廷が幕府の政治に口を挟むということは前例がなく、まさに前代未聞のことだった。幕府は計画していた救助策に、さらに千石（一五トン）の救い米供出を決定し、朝廷に報告した。

文化三、四（一八〇六、七）年には、ロシア軍艦が樺太《からふと》、択捉《えとろふ》島の日本人居留地を襲った。江戸では、ロシア軍がすでに東北地方を侵略した、との噂《うわさ》まで流されていた。

うち続く内憂外患に幕府の権威は落ちる一方で、本居宣長《もとおりのりなが》の国学や藤田幽谷《ゆうこく》の水戸学などで、幕府の統治権は天皇より委任されたものという考え方が広まっていた。幕府は人心統一のために、ますます朝廷の権威に頼らざるを得なくなっていった。

■3.「衆議公論」■

嘉永《かえい》六（一八五三）年、ペリー率いる黒船艦隊が来航し、通商を求めた。幕府は朝廷に報告するとともに、諸大名にも意見を求めた。この時は、孝明天皇は「人心動揺により国内が混乱し、国体を辱《はずかし》めることのないように」という叡慮《えいりょ》を伝えた。

天皇は、アメリカ船に水や燃料を提供する人道的な措置であれば「神国日本を汚すことにはならない」と考えており、それに沿って幕府は翌年、ペリーと日米和親条約を結んだ。安政《あんせい》三（一八五六）年に着任したアメリカ総領事ハリスは、幕府に通商条約を結ぶことを提案した。これは本格的な貿易を始めることとなるので、幕府は諸大名を集めて説得に努めたが、大名の中からは、朝廷の勅許《ちょっきょ》（許可）を求めるべき、という意見が出た。

この時点では、幕府は勅許を得て、それによって諸大名の異論も封じることができると考えていた。当時、朝廷の実力者として三〇数年間、君臨していた太閤《たいこう》・鷹司政通《たかつかさまさみち》が開国論者であったからだ。六七歳の政通に対して、孝明天皇はわずか二五歳、祖父と孫ほどの違いがあった。幕府は政通に工作して、孝明天皇の意思に関係なく、「幕府に一任」の勅許を出させようとした。

しかし、孝明天皇は太閤に遠慮することなく、公家が自由に意見を言えるようにすべし、とした。まさに日本の政治伝統の「衆議公論」を唱えたのである。公家たちは政通の専横を排し、「人心の折り合い（国内の合意）が重要なので、諸大名に意見書を提出させ、天皇のご覧に入れるよう」との多数意見でまとまった。

■4．「わが国を侵略しようとするもの」■

政通は御所に乗り込み、この決定を覆《くつがえ》そうとしたが、天皇の意思は変わらなかった。天皇の考えは、後に書かれた次のような宸翰《しんかん》（天皇の自筆の文書）に示されている。

通商条約は、表面は友好をうたっているが、じつはわが国を侵略しようとするものなので、誰が何といおうと許しがたい。条約を締結しなければ外国と戦争となるだろう、しかし平和に慣れたわが国の軍備は弱体化し、諸外国に敵しがたいという、まことに「絶体絶命の期」である、考えてみると、「夷」（諸外国）を征伐できないのでは、「征夷大将軍」の官職名にふさわしくなく、嘆かわしいことである。（同前）

欧米諸国が通商を求めるのは、「わが国を侵略しようとするもの」というのも、当時の東アジア諸国が次々と植民地化されている情勢を眺めれば、一目瞭然であった。

一八四二年には清国がイギリスとのアヘン戦争に負けて、香港を奪われていた。清国はイギリス商人が売り込むインドのアヘンが麻薬中毒患者を激増させ、貿易収支を悪化させているので、これを禁止しようとしたのを、イギリス艦隊が強引にねじ伏せたのだった。その砲《ほう》艦《かん》外交は、日本の朝野《ちょうや》に衝撃を与えていた。

米国との通商を拒否したら戦争になるというのは、ペリーの国書から明らかであった。そこには、通商拒否は「天理に背《そむ》く」ことで、「干伐《かんばつ》（戦争）を持って、天理に背くの罪を糺《ただ》」さんとする、という文言があった。そして戦争になればアメリカが勝つので、降伏の際はこれを押し立てよ、と白旗まで送っていたのである。

今日の文明化した欧米諸国を思い描いて、「攘夷《じょうい》」とは文明国との自由貿易を拒否した頑迷な封建思想と考えては誤りである。当時の欧米諸国は、チベット、ウイグルを占領・搾取《さくしゅ》している今日のシナと同様の侵略国家であった。「攘夷」とはその侵略と戦って、国家の独立を守ろうとする考えである。

他方の開国派は、戦争になったら負けて植民地となってしまうから、ここはひとまず相手の要求に屈して、当面の窮状を凌《しの》ごうという妥協派だった。

■5．国内一致協力して、独立保全を■

彦根《ひこね》藩主・井伊直弼《いいなおすけ》が幕府大老に就任すると、天皇の詔勅《しょうちょく》も一部大名の異論も無視して、日米修好通商条約に調印してしまった。それを批判する前水戸藩主・徳川斉昭《なりあき》、尾張《おわり》藩主・徳川慶恕《よしくみ》らを親藩《しんぱん》にもかかわらず、処罰し謹慎を命じた。

井伊の専横の処置に、天皇は激怒し、次のような「御趣意書」（「戊午《ほご》の密勅」）を幕府に送った。

「皇国重大の儀」である通商条約に調印してから報告したのは、三月二十日の勅答に背いた軽率な措置であり「不審」だ、朝廷と幕府の不一致は国内の治乱に関わるので、「公武御実情を尽くされ、御合体」、すなわち公武合体が永久に続くようにと思う、徳川斉昭らを処罰したようだが、難局にあたって徳川家を扶翼《ふよく》する家を処罰するのはどうか、心配である、大老・老中を始め、御三家から諸大名に至るまで群議をつくし、国内が治まり、公武合体が永久に続くよう、徳川家を「扶助」し、外国の侮りを受けないようにすべきだ。（同前）

侵略の危機に際して、「群議をつくし」、国内が朝廷も幕府も公家、大名に至るまで、一致協力してあたるべきだ、というのが、孝明天皇の願いであった。

勅許なきままの条約締結は「違勅」だとして、幕府への非難の声が高まった。井伊直弼は、それを弾圧するために公家や諸大名を謹慎させたり、吉田松陰《しょういん》、橋本左内《さない》などの多くの志士を処刑した。安政の大獄《たいごく》である。

井伊の強権政治に怒った水戸藩の浪士たちは、井伊を江戸城の桜田門外で殺害した。大老までが暗殺されたことで、幕府の権威は地に落ち、幕府を見限って、朝廷を中心に外国の侵略に立ち向かうべきだという尊皇攘夷《そんのうじょうい》の声が盛り上がっていく。

孝明天皇御尊影（雑誌『太陽』第３巻第４号口絵より）

■6.「小攘夷」か、「大攘夷」か■

孝明天皇が単純な攘夷論者ではなかったことは、いくつかの点からも窺《うかが》える。上述の「御趣意書」での天皇の怒りに対して、幕府は「拒絶できないからやむなく条約を結んだまでで、軍事力が整えば、鎖国に戻すのでそれまでは猶予して欲しい」と弁解した。

天皇は、この弁解に対して、「心中氷解」した、と答え、天皇の妹・和宮《かずのみや》の将軍家茂《いえもち》への降嫁《こうか》を幕府側が願い出ると、いやがる和宮を苦労して説得して、それを受け入れた。

後の島津久光《しまづひさみつ》に意見を問う密勅では、「年久しきの治世、武備不充実に候ては無理の戦争に相成り、真実皇国の為とも存ぜられず」と、現在の軍備状態で攘夷戦争をすることに疑念を表明している。

さらに長州《ちょうしゅう》藩主・毛利慶親《もうりよしちか》の命を受けた藩士長井雅楽《うた》が「航海遠略策」をもって、京都に乗り込んできた際のこと。この策は積極的に外国と通商航海して国力を高め、独立維持を図るべきとした。孝明天皇はこれを賞したという。

この三点を考えれば、孝明天皇の願いは、あくまで日本の独立維持にあったということがわかる。開国せずにすぐに外国の侵略と戦うことを「小攘夷」、開国して貿易によって富国強兵を実現し、独立を全うする道を「大攘夷」という。開国してからの攘夷なので、「開国攘夷」と言ってもいいだろう。吉田松陰も『対策一道』に同様の考え方を説いている。

長州は下関での英仏蘭米の四カ国艦隊との戦闘、薩摩は薩英戦争を経験した後、「小攘夷」路線は無理だと考え「大攘夷」路線に転換した。両藩が中心となって倒幕を果たした後は、明治新政府として「大攘夷」路線を追求していく。それによって、明治日本は独立を保全することができた。孝明天皇の国家独立への願いは、「大攘夷」によって実現したと言っていいだろう。

■7.「天《あめ》がした人といふ人こゝろあはせ」■

孝明天皇のもう一つの願いは国民の一致結束であった。朝廷と幕府と諸大名、すなわち日本国内が一体となって国難に当たるべきだと考えた。

天《あめ》がした人といふ人こゝろあはせよろづのことにおもふどちなれ

（天下の人という人が心合わせ、万事を共に考える仲間であれ）

元治《げんじ》元（一八六四）年の御製《ぎょせい》である。この年は、長州兵が上洛して、京都守護職・松平容《かた》保《もり》率いる会津《あいづ》勢と京都市中で市街戦を繰り広げている。そもそも、こうした武力闘争は井伊直弼による安政の大獄での尊皇攘夷派の弾圧に端を発し、それに対する桜田門外の変での直弼暗殺と京都での尊皇攘夷派のテロ、それを抑えるための新撰組《しんせんぐみ》の戦い、と応酬《おうしゅう》が続いていた。

「人といふ人こゝろあはせ」との天皇の祈り虚《むな》しく、こうした力と力の戦いが繰り広げられていた。明るい希望の歌ではなく、絶望に近い呼びかけなのである。

■8．「澄ましえぬ水にわが身は沈むとも」■

幕府が諸大名からも見離されるようになっても、あくまで国内一致団結の理想から公武合体の信念を曲げない孝明天皇は、倒幕を目指す過激な尊皇攘夷派からは抵抗勢力とみなされるようになっていた。

そうした矢先、慶應《けいおう》二（一八六七）年一二月二五日、孝明天皇は痘瘡《とうそう》（天然痘）で、突然、崩御された。当時から何者かによる毒殺説が流されたが、今日では末期の症状などから、天然痘による病死であることが通説となっている。

澄ましえぬ水にわが身は沈むともにごしはせじなよろづ國民《くにたみ》

（淀んだ水にわが身は沈むとも千万の国民を汚してはならない）

御詠年月はわかっていないが、この御製から国民の安寧を祈る孝明天皇の生涯の志を窺《うかが》うことができる。

孝明天皇がご一身の安楽のみを考えていたら、幕府の通商条約調印を黙認していたろう。それでは攘夷のエネルギーは燃え上がらず、わが国は上海のように外国人商人が闊歩《かっぽ》する半植民地状態に陥ったかもしれない。あるいは攘夷のエネルギーが燃え上がっても、それを結集する旗印がないために、幕府方や外国人へのテロが頻発《ひんぱつ》し、政治の混乱が続いたろう。

幕府の権威が地に落ちた後では、孝明天皇は尊皇攘夷派の神輿《みこし》にのっかっていく道もあった。しかし、それによって倒幕の戦いが早まったのでは、幕府のエネルギーが残っていただけに、内乱状態が続いて、外国勢力に付け入る隙《すき》を与えただろう。天皇が幕府を見捨てなかったことで、慶喜《よしのぶ》が最後の将軍となって、大政奉還までたどり着けたのである。

こうして歴史的な役割を果たされた孝明天皇は、激動の時代の中、天に召された。その跡を継いだ明治天皇を中心に、国民が一丸となって「開国攘夷」を展開し、孝明天皇の遺志が実現されていくのである。

光格天皇――明治維新の基を築いた六二年の治世

その六二年の治世で皇室の権威は著しく向上し、尊皇攘夷《そんのうじょうい》運動の核となりえた。

■1．御所を回る数万の人々■

それは天明《てんめい》七（一七八七）年六月七日に始まった。京都の御所の築地塀の周りを回る人々が現れた。ある記録によれば、どこからか老人が来て、御所の周囲一二町（一三〇〇メートル）を回る「御千度《おせんど》」をしたのが、発端だという。

七日には五〇人ほどであったが、次第に数を増し一〇日には三万人もの老若男女が集まって塀の周りを回った。その人数は、一八日前後の数日間にピークを迎え、一日七万人に達したという。

人々は南門にたどり着くと、その少し低くなった柵の垣根から、銭を南門前面の敷石に投げ入れ、その向こうにある紫宸殿《ししんでん》（御所の正殿）に向けて手を合わせた。現代の初詣《はつもうで》と同じ光景である。

この「御所御千度参り」に集まったのは京都の人だけではなかった。噂《うわさ》は大坂や近国にまたたく間に広まり、大坂から伏見《ふしみ》までの淀川《よどがわ》を行く船の業者は、運賃を半額にした「施行船」を仕立てて、客を運んだ。沿道では参拝者に茶や酒、食事が振る舞われた。

暑さの厳しい頃なので、御所では築地塀の周囲の溝に、冷たい湧き水を流して、手や顔を洗えるようにした。後桜町《ごさくらまち》上皇は三万個のりんごを配らせたが、昼前になくなってしまったという。隣接する有栖川《ありすがわ》宮家、一条家、九条家、鷹司《たかつかさ》家は、茶や握り飯を配った。菓子や、酒、トコロテン、瓜などを売る露天商が五百ほども出た。

2．幕府の威光は地に落ちた

人々は御所、すなわち天皇に何を祈ったのか。当時の資料では「飢渇困窮《きかつこんきゅう》につき祈誓《きせい》」「米穀不自由につき」「米穀段々高値になり」などと記している。天明の飢饉《ききん》で米価が高騰し、差し迫った生活苦からの救済と、五穀豊作を祈願したのである。

米価が高騰し、餓死者まで出るという困難な事態に、人々は、幕府の京都所司代《しょしだい》や京都町奉行所に繰り返し嘆願した。ところが、これらの役所はいっこうに救済策をとらなかった。

五月には、怒った大坂の町民が数十軒の米穀商人の家を襲った。堺《さかい》、播磨《はりま》、紀伊《きい》でも同様の打ち壊しが起こった。そして五月一九日から五日間、将軍のお膝元の江戸でも数百人が鉦《かね》や太鼓を打ち鳴らし竹槍《たけやり》で武装して、騒擾《そうじょう》を起こした。

江戸時代で最悪と言われる天明の大飢饉だが、いずれの地においても、幕府は有効な施策をとっていなかった。幕府の威光は地に落ちた。もはや幕府に頼んでも埒《らち》が明かないと悟った人々は、御所御千度参りという形で、天皇に救済を訴えたのである。

■3．光格天皇の幕府への前例なき申し入れ■

光格天皇は、これを見て、すぐさま行動に移った。御所御千度参りが数万人の規模に達した六月一二日、関白・鷹司輔平《すけひら》を通じて、対幕府の窓口である武家伝奏《でんそう》に、幕府方の京都所司代に対して窮民救済に関する申し入れをするよう命じた。

世上困窮し、飢渇《きかつ》死亡の者数多《あまた》これあるのよし、内院（天皇と上皇）ははなはだ不便《ふびん》に思し召され……

（『油小路隆前卿伝奏記　二』宮内庁書陵部所蔵より）

賑給《しんごう》（古代の朝廷が毎年五月に全国の貧窮民に米や塩を賜った儀式）などはできないか、関東から救い米を差し出して貧窮を救うことはできないか、との申し入れであった。

朝廷が江戸幕府の政治に口を出す、などということは、それ以前にはまったく前例がなく、まさに前代未聞の申し入れであった。

江戸の幕府は、申し入れ以前から米五〇〇石（七・五トン）を救済手当に使っても構わないと京都所司代に指示を出していたが、朝廷からの申し入れを受けて、さらに千石（一五トン）の救い米放出を命じ、これを朝廷に報告した。

この年の一一月に挙行された大嘗祭《だいじょうさい》では、光格天皇の次の御製《ぎょせい》が世上に流布し、評判となった。

身のかひは何を祈らず朝な夕な民安かれと思うばかりぞ
（自分のことで何も祈ることはない。朝な夕なに民安くあれと思うばかりである）

飢饉に対して手をこまねいて民の打ち壊しに見舞われた将軍と、ひたすらに万民の安寧を祈り、幕府に救済を命ずる天皇と、鮮烈なコントラストが万民の目の前に明らかになった。

後に明治維新として結実する尊皇倒幕の大きなうねりは、ここから始まった。

■4．青天の霹靂の即位■

光格天皇は九歳という幼少で、閑院宮《かんいんのみや》家という傍系《ぼうけい》から、はからずも皇位についた方だった。閑院宮家は宝永《ほうえい》七（一七一〇）年に新井白石《はくせき》の意見により、皇位継嗣《けいし》の安定のために創設された宮家であった。東山《ひがしやま》天皇の第六王子直仁親王《なおひとしんのう》が初代であり、その三代目の第六王子が祐宮《さちのみや》、後の光格天皇であった。

そもそも傍系宮家のそのまた第六王子では、皇位につく可能性はほとんどないため、わずか二歳にして、いずれ出家し聖護院《しょうごいん》門跡を継ぐことが予定されていた。

祐宮が九歳の時に、運命は急転した。当時の後桃園《ごももぞの》天皇が、病気のために急逝してしまった。二二歳の若さであり、子どももその年に生まれた女子しかいなかった。朝廷は幕府と秘密裏に交渉して、祐宮を後継とした。後桃園天皇の死から一月も経たないうちに、祐宮は御所に連れてこられ、新天皇となった。まさに青天の霹靂《へきれき》の即位であった。

傍系から幼少にして皇統を継いだために、朝廷や幕府の中には、光格天皇を軽んじる向きがあったという。それを案じたのか、先々代の後桜町院（先代・後桃園天皇の伯母にあたる。後桃園天皇は父・桃園天皇が亡くなった時、まだ五歳だったため、成長するまでの中継ぎとして皇位についた）は、天皇に学問を熱心にするよう勧めた。光格天皇もその期待に応え、熱心に学問に励んだ。傍系として軽んぜられている、ということを幼少ながら感じ取っていたのであろう。理想的な天皇像を追い求め、それを立派に演じよう、という志をお持ちだったようだ。

光格天皇ご肖像（東京大学史料編纂所所蔵）

御所御千度参りが起きた天明七（一七八七）年には、光格天皇は数え一七歳となっていた。関白として九条尚実《なおざね》がいたが、老齢にして数年前から病を患っていた。この頃には、近臣《きんしん》の補弼《ほひつ》を得ながら、自ら朝廷の中心となって、政務を取り仕切っていたようである。この点も、ここ数代の天皇とは異なっていた。

■5．天下万民への慈悲仁恵のみ■

寛政《かんせい》一一（一七九九）年、後桜町上皇から与えられた教訓への返書に、光格天皇は次のように書いている。

仰せの通り、身の欲なく、天下万民をのみ、慈悲仁恵に存じ候事、人君なる物（者）の第一のおしえ、論語をはじめ、あらゆる書物に、皆々この道理を書きのべ候事、すなわち仰せと少しもちがいなき事、さてさて忝《かたじけな》く存じまいらせ候、なお更心中に右の事どもしばしも忘れおこたらず、仁恵を重んじ候わば、神明冥加《みょうが》にもかない、いよいよ天下泰平と畏《かしこまり》々々々入りまいらせ候……

（仰せの通り、自身の欲なく、天下万民への慈悲仁恵のみを思うことは、君主たる者の第一の教えであると、論語をはじめ、あらゆる書物に、みなこの道理が書かれていることは、仰せと少しの違いもなく、さても有り難く存じます。さらに心中にこの事をしばしも忘れ怠ることなく、民への仁恵を重んずれば、神のご加護も得られて、いよいよ天下泰平と、つつしんで承りました）

（藤田覚著『幕末の天皇』講談社学術文庫より）

無私の心で、ひたすらに天下万民の幸福を祈ることが、皇室の伝統であり、光格天皇は学問を通じて、それを強く意識していた。「身のかひは何を祈らず朝な夕な民安かれと思うばかりぞ」という御製も、ここから出たものである。

6．ロシア軍艦の来襲

天明の飢饉による各地での打ち壊しとともに、幕府の権威をさらに失墜させる事件が起きた。文化三（一八〇六）年のロシア軍艦の北辺からの攻撃であった。

寛政四（一七九二）年に来日したロシア使節ラックスマンに対して、幕府は通商許可をほのめかしていたが、文化元（一八〇四）年に来訪した使節レザノフには、全面的な拒否回答を行った。

これに怒って、ロシア軍艦が文化三年九月に樺太《からふと》、翌年四月に樺太と択捉《えとろふ》、五月に利尻《りしり》の日本側施設、船舶を攻撃し、幕府は東北諸大名に蝦夷地《えぞち》出兵を命ずるなど、軍事的緊張が一気に高まった。江戸ではロシア軍が東海地方から上陸するとか、すでに東北地方に侵入した、との噂が立っていた。

また、外国との戦争で、わが国開闢《かいびゃく》以来の敗北を喫したことは日本国の大恥だと、幕府を批判する言動も登場した。

ロシアとの本格的な戦争に備え、幕府は諸大名に大規模な軍事動員を覚悟しなければならない情勢となった。そのための布石であろう、幕府は進んで朝廷にこの事件を報告した。いざという時には、朝廷の権威を借りて、国家一丸となって戦う体制をつくろうと考えていたのかもしれない。

幕府が外国とのやりとりを朝廷に報告するのは、これが初めてのことであった。それだけ幕府も自信を無くしていたのであろう。そしてこの先例が根拠となって、後に幕府が外国と条約を結ぶ場合は、朝廷の勅許がいる、との考え方が広まっていく。

■7. 危機に立ちあがる天皇■

この時期に、光格天皇は石清水八幡宮《いわしみずはちまんぐう》と加茂《かも》神社の臨時祭再興に熱意を燃やしていた。この二社は、伊勢の神宮に次ぐ崇敬を朝廷から受けていた。石清水臨時祭は、天慶《てんぎょう》五（九四二）年に平将門《たいらのまさかど》・藤原純友《すみとも》の乱平定の御礼として始められたが、永享《えいきょう》四（一四三二）年に中絶されたままであった。加茂神社は皇城鎮護《こうじょうちんご》の神を祀《まつ》り、国家の重大事には、必ず皇室から奉幣《ほうへい》、御祈願があった。しかし、この臨時祭も応仁の乱（一四六七～一四七七年）後に中断していた。

光格天皇は早くから、両社の臨時祭再興を願っていたが、ロシア軍艦の襲撃のあった文化三年から幕府との交渉を本格化させた。開催費用がネックとなったが、幕府の老中は「禁中格別の御懇願」と光格天皇の熱意を受けとめた。その結果、文化一〇（一八一三）年三月、石清水臨時祭が約三八〇年ぶりに挙行され、翌年一一月には加茂神社臨時祭も約三四〇年ぶりに再興された。

この石清水八幡宮と加茂神社には、幕末に次々代の孝明天皇が将軍家茂を同道して、攘夷祈願のため行幸《ぎょうこう》されている。

こうした国家護持祈願に立つ天皇の姿は、危機の中で国を支えているのは皇室である、と改めて人々に印象づけたであろう。

■8．国土と国民は天皇が将軍に預けたもの■

こうして、内憂外患に十分対応できない幕府の威光が低下する一方、光格天皇の努力により朝廷の権威は徐々に輝きを増していった。この傾向を学問的にも定着させたのが「大政委任論」の登場だった。

本居宣長は天明七（一七八七）年に執筆した『玉くしげ』の中で、「天下の御政《みまつりごと》」は朝廷の「御任《みよさし》」により代々の将軍が行う、すなわち国土と国民は天皇が将軍に預けたものであって、将軍の私有物ではない、と主張した。大坂の儒者・中井竹山《ちくざん》、後期水戸学の祖・藤田幽谷《ゆうこく》も、同様の論を展開した。

学者・思想家だけでなく、老中首座・松平定信は、天明八（一七八八）年に当時一六歳の将軍・徳川家斉《いえなり》に対して「将軍家御心得十五カ条」を書いて、同様の主張をしている。

六十余州は禁廷《きんてい》（朝廷・天皇の意）より御預かり遊ばれ候御事に御座候えば、かりそめにも御自身の物に思し召すまじき御事に御座候。

（日本全国は朝廷よりお預かりしたものであり、かりそめにも将軍自身の所有と考えてはならない）（同前）

若き将軍への戒めとして、大政委任論が説かれている。しかし、この論は、委任された大政を幕府がしっかり果たせない場合には、それを朝廷に奉還すべき、という主張に発展する。

幕末の「大政奉還」論がここに兆《きざ》していた。

■9．約八七〇年ぶりの「天皇」号復活■

天保《てんぽう》一一（一八四〇）年一一月、光格天皇は在位三七年、院政二三年という異例の長きにわたった七〇歳の生涯を終えた。この間に、天皇の権威は大きく向上した。

「光格天皇」との称号は、崩御後におくられたものである。これは当時の人々を驚かせた。江戸時代、天皇のことは通常「主上《しゅじょう》」「禁裏《きんり》」などと称し、そもそも「天皇」とは馴染みのない呼称だった。また第六三代の「冷泉院《れいぜいいん》」から先代の「後桃園院」まで「院」をつけるのが通常であり、「天皇」号の復活は、五七代、約八七〇年ぶりのことであった。皇室伝統の復活に捧げられた光格天皇の御生涯を飾るにふさわしい称号であった。

日本近世史を専門とする藤田覚・東京大学名誉教授は、もし江戸時代中期にペリーの黒船がやってきたならば、そもそも幕府が条約勅許を朝廷に求めることもなかったろうし、外様《とざま》大名や志士たちが攘夷倒幕のために、尊皇を持ち出すこともなかったろう、と述べている。光格天皇以前の朝廷は、それに相応《ふさわ》しい政治的権威を身につけていなかったからである。

その場合、攘夷倒幕運動のエネルギーを「尊皇」のもとに結集できず、幕府と外様大名の間で長く内戦が続き、日本が植民地化されていた可能性が高い、と藤田教授は指摘している

（藤田覚著『幕末の天皇』講談社選書メチエ）。

光格天皇の孫にあたる孝明天皇が、幕末に尊皇攘夷のエネルギーを結集し、曾孫《ひまご》にあたる明治天皇が、王政復古の旗印のもと近代国家建設の中心となった。九歳から七〇歳まで「朝な夕な民安かれ」と祈り続けた光格天皇が、その基をつくられたのである。

第三章　祈りの源流

第一章では平成の両陛下がいかに国民の安寧を祈られているか、を見てきました。そして、第二章では、昭和天皇・皇后から遡《さかのぼ》って、大正天皇・皇后、明治天皇・皇后、そして孝明天皇、光格天皇と、国家と国民のために祈られてきたお姿を拝してきました。

こうしてみれば、国民の安寧を祈ることは特定の天皇や皇后のご人徳ばかりではなく、皇室の伝統そのものであることがわかるでしょう。「皇室は祈りでありたい」という皇后陛下のお言葉は、皇室の伝統を明らかにされたものなのです。

本章では、この皇室の祈りがどのような源流から生み出されたものかを考えてみたいと思います。それはわが国の成り立ちそのものに関わる問題です。

聖なる祈りの継承

天皇の国民のための祈りは古代から継承されてきた。

■1. 皇室の祈りによる国民統合■

「祈り」と言えば、我々、一般国民もたとえば新年のお参りに神社に行って家族の健康を祈ったりするが、皇室の祈りはそれとは全く違う側面があると、皇學館大学の松浦光修《みつのぶ》教授は指摘している。

私たちふつうの者は、自分や自分の家族や職場や組織などのために、つまり、「自分のために祈る」ことが少なくありません。それらは結局のところ、自分や自分のまわりの人々の〝現世での利益〟を求める祈りですが、天皇陛下の「祈り」は、それとはまるでちがっています。

天皇陛下の「祈り」は神武天皇の昔から、ともに生きてきた国民の幸福を、さらには世界の人類の幸福を、ひたすら願う「祈り」です。目に見えない神々の世界と、目に見える国民の世界を結ぶ、果てしなく広い「祈り」です。

（松浦光修著『日本は天皇の祈りに守られている』致知出版社より）

この皇室の祈りが現代社会に持つ意味を、松浦教授はこう語る。

「天皇陛下は、日々、私どもの幸せのために祈ってくださっている…」、この一つの事実だけでも、全国の学校で教えるようになれば、みちがえるほど日本の子供たちの心は立て直され、やがては混迷をつづける日本にも、希望の光りが差し染めるのではないか…と、私は思っています。（同前）

人は誰かが自分の幸せを祈ってくれていたら、嬉しく思い、自分も他の人々のために役に立ちたいと願う。一人の利他心が多くの人々の利他心を呼び覚ます。これは第一章で見たように、今上陛下・皇后陛下のお見舞いによって、被災者たちが元気づけられ、また被災者たちを救う立場の人々が使命感を新たにしたことからも窺《うかが》える。

天皇が国民の幸せを祈る大御心《おおみごころ》を知った人々は、政治家なら国民のための政治を行い、実業家なら国に役立つ事業を興す。それが波紋のように広がって、国民一人ひとりが他の人々のために尽くすようになる。

まさに国民が一つ屋根の下の大きな家族のように、互いに思いやり助け合う姿。わが国はそのような理想を実現すべく建国された。そして歴代天皇はその理想を継承して、代々、無私の祈りを捧げてきた。

わが国では、そのような皇室が国民の連帯の中心にあり、国民統合の象徴となっているのである。

2．御製に見る民への祈りの継承

今上陛下で一二五代となる皇室はずっと一系でつながってきているが、その皇統を通じてこのような無私の、ひたすらに国民の安寧《あんねい》を祈る伝統が継承されてきた。

歴代の天皇が、どのような御心で祈りの伝統を継承されてきたのか、改めて御製《ぎょせい》を通じて、通覧してみよう。

今上陛下（阪神・淡路大震災に際し）

なゐ（筆者補注：地震）をのがれ戸外に過す人々に雨降るさまを見るは悲しき

昭和天皇（終戦時の御製）

爆撃にたふれゆく民のうえをおもひいくさとめけり身はいかならむとも

大正天皇 北海道夕張なる若鍋炭山の爆発しける時

うもれたる国のたからをほる人のあまたうせぬときくぞ悲しき

明治天皇（日露戦争時に）

いたで（筆者補注：戦傷）おふ人のみとりに心せよにはかに風のさむくなりぬる

孝明天皇（異国船来航に）

あさゆふに民やすかれとおもふ身のこゝろにかゝる異国《とつくに》の船

光格天皇（冬の夜寒に）

うづみ火のあたりは冬をわするにも忘るな賤《しず》（筆者補注：民）がさむき夜床を

以上、光格天皇御即位の安永《あんえい》八（一七七九）年から数えれば二四〇年近くにもわたって、一貫した祈りが継承されてきていることが見てとれる。

■3.「私の民の父母としての、徳が足りないからである」■

さらに光格天皇以前に遡《さかのぼ》ってみよう。皇室の祈りは自然に継承されたのではなく、意識的に次代に伝えられてきたことがわかる。

戦国時代の天文《てんぶん》九（一五四〇）年、世間で疫病が流行した。第一〇五代の後奈良《ごなら》天皇（一四九六～一五五七）は、長く続いた戦乱の余波で経済的にも困窮されていたが、民のために秘かに般若心経《はんにゃしんぎょう》を写経し、醍醐寺《だいごじ》の三宝院《さんぼういん》に納められた。その末尾にはこう記されている。

今年は、天下に疫病がはやり、多くの民が死に瀕《ひん》しています。私の民の父母としての、徳が足りないからである（原文・「朕《ちん》、民の父母として、徳、覆うこと能《あた》はず）と思われてならず、私は、とてもつらい思いです。ですから私は、ここに『般若心経』を金字で写し、義《ぎ》堯《じょう》僧正の手によって、醍醐寺三宝院に納めます。心からこれが、この疫病の妙薬になるよう、祈ってやみません。

（帝國學士院編纂『宸翰英華』紀元二千六百年奉祝會より）

「民の父母」とは、まさに親が子の幸せを祈るように、国民の幸せを祈る天皇のあり方を指している。自分の子が不幸になったら、子を守ってやれなかった親は自分を責めるだろう。国民の不幸は自分の徳が足りないからだと、つらい思いをされる天皇の姿勢もそれと同じである。

■4．「政治の前に神の祭りを」■

鎌倉時代に倒幕を図った承久《じょうきゅう》の変（一二二一年）に加わって佐渡に配流となった第八四代・順徳《じゅんとく》天皇（一一九七～一二四二）は、変の以前には王朝時代の有職故実《ゆうそくこじつ》の研究に熱心で『禁秘抄《きんぴしょう》』を著した。その中に、次の一節がある。

> すべての皇居で行うことのうち、神を祭る事が、まず先であり、他の事は、すべてその後に行うものです。天皇たるもの朝から夜まで、神を敬うことを怠けてはなりません。

「政治の前に神の祭りを」の伝統は、『禁秘抄』のはるか以前から継承されてきたものであった。この三百年以上前、平安時代の中期に「寛平《かんぴょう》の治」と称えられる政治を行った第五九代の宇多《うだ》天皇（八六七～九三一）の日記（『宇多天皇御記』）には、こう記されている。

わが国は神国です。ですから毎朝、四方の大・中・小の天神《あまつかみ》・地祇《くにつかみ》を拝むのです。このことは、今日からはじめて、以後、一日も怠りません。

「神国」とは「神々が護る国」という意味だろう。そして、その神々が民を護ろうとする御心を現実の政治に伝えるのが、天皇の役割だった。

平安時代には皇居の清涼殿（天皇が起居される建物）の東南の隅に「石灰《いしばい》の壇」が設置されていた。これは板敷きと同じ高さまで床下の土を築きあげ、その上を石灰で塗り固めた場所である。天皇は毎朝、起床されると体を清め、そこで祈りを捧げられた。

土を固めて壇をつくったのは、太古より続く「大地の上で祈る」形を継承したものであり、東南に設けられたのは、天皇の先祖神である天照大神《あまてらすおおみかみ》が祀られている伊勢の神宮の方向にあたるからだ。

この毎朝の祈りは「毎朝御代拝《まいちょうごだいはい》」として現代まで受け継がれている。毎朝、天皇陛下の代理の侍従が宮中三殿にお参りし、その間は天皇陛下も「おつつしみ」になっている。

さらに三百年近く遡って、大化の改新が行われた大化元（六四五）年、右大臣となった蘇《そ》我石川麻呂《がのいしかわまろ》は、第三六代・孝徳《こうとく》天皇に次のような進言をしたと『日本書紀』（巻第二十五）

に記されている。

蘇我石川麻呂の大臣《おおおみ》が、「天皇は、まず天神《あまつかみ》・地祇《くにつかみ》を祭り鎮《しず》め、そのあと政治をすすめてください」と、進言しました。

「政治の前に神の祭りを」というのは、民の幸せを願う先祖神の御心を思い起こした上で、それを現実の政治の中に具現していかなければならないからである。古来、「政治」を「まつりごと（祀り事）」と読んだのも、この意味からであった。

■5.「民のかまど」■

民のための「まつりごと」の理想として掲げられているのが、第一六代仁徳《にんとく》天皇の「民のかまど」の逸話である。戦前は日本人誰でもが知っていた逸話であるが、戦後の学校教育ではまったく教えられなくなっているので、あえてここに紹介したい。

仁徳天皇が高台から遠くをご覧になられて「民のかまどから煙が立ちのぼっていない。思うに、貧しくて炊事もままならないのではないか。不作で民が窮乏しているのだろう」と仰《おお》せられ、「向こう三年、税を免じ、百姓の苦を安んじよ」と詔《みことのり》された。

それからは、天皇は衣服や靴も破れるまで使い、宮垣が崩れ、茅葺屋根が破れても修理させず、そのため風雨が衣を濡らし、星の光が破れた隙間から見えるという有様だった。

しかし、やがて天候も安定して、豊作となった。三年が経って、天皇が高台から遠くを望むと、炊煙《すいえん》が盛んに立っていた。そして皇后に「朕《ちん》はすでに富んだ」と言われた。皇后は「宮垣が崩れ、屋根が破れて、衣服も濡れるのに、どうして富んだと言われるのですか」と尋《たず》ねた。

「天が君を立てるのは、百姓（民）の為だ。君は民を本とする。だから古《いにしえ》の聖の君は、一人でも餓え凍《こご》える時は、省みて自分を責めた。民が貧しければ君も貧しい。民が富めば君が富んだことになる」

そのころ、諸国より「三年も課税を許されて、宮殿は朽ち破れているのに、民は富んでいます。もしこの時に、税を献じ、宮殿を修理させていただかないと、かえって天罰を蒙《こうむ》ります」との申し出が盛んに寄せられた。それでも、天皇はさらに三年間、税を献ずることをお聞き届けにならなかった。

六年の歳月がすぎ、天皇はようやく宮殿の修理をお許しになった。民は督促《とくそく》もされないのに、老人を助け幼児を連れて、材木を運び、土を入れた籠《かご》を背負い、日夜をいとわず力を尽くして作業をした。これにより瞬く間に宮殿が完成した。それ故に聖帝《ひじりのみかど》と褒《ほ》め称えられてきた。

この『古事記』にも『日本書紀』にも書かれている物語を単なる神話だとか、皇室を美化するための作り話だと批判することは容易である。ただ、そういう物言いは、イエスのもとに集まった四千人の群衆の空腹を七個のパンと少しばかりの小さな魚で満腹にさせた、という奇跡を、単なる神話だとか、キリスト教を美化するための作り話だと批判するのと同じ考え違いである。キリスト教徒は二千年もこの逸話から神の恩寵《おんちょう》を信じてきた。同様に、日本人は仁徳天皇の「民のかまど」の逸話を千年以上にわたって語り継いで、皇室の民への思いを理想の政治と信じてきたのである。

■6. 民のための土木工事■

仁徳天皇の事績は、課税を控えたことだけではない。『日本書紀』巻一一の記事から、山《やま》鹿《が》素《そ》行《こう》は『中朝事実《ちゅうちょうじじつ》』でこう述べている。

仁徳天皇は、人民の生活生業を最重視したまい、河水の流れを良くし、堤防を築いて河水の横流を防いだので、その土木工事のために、人民は、親を助けようとする子のように進んで協力し、天佑神助も得られたのであった。そのため、堤防の岸が崩れることもなく、水源が涸れることもなかった。土砂がたまって流れをさまたげることもなく、田のあぜや境が流失することもなかったのである。仁徳天皇の人君としての徳の何と偉大であったことか。その後も、水路の開発に尽力したまい、その恩恵によって人民百姓は、豊かで余裕が生じ、凶作の年の憂患がなかった。ましてその上に、橋や路を造成して人民に利便をもたらし、果ては、氷室を以て、陰陽寒暑を調整するなど、政の在り方を常に規制し改善して、天神が、この国を授けたまうた恩恵に応答したまうのである。

（荒井桂著『山鹿素行「中朝事実」を読む』致知出版社より）

天皇が民のためを思い、それを民が心に感じて、力を合わせるというのは、まさに近現代の日本においても起こっていることであるのは、第一章、第二章で見てきたとおりである。『日本書紀』には、さらに古代の歴代天皇が池や堤をつくる詔が記録されており、それを国士学者の大石久和氏は次のように紹介している。

・崇神《すじん》天皇（第一〇代、三世紀？）

「農は天下のものである。民の生きていく命綱である。今、河内の狭山の田には水が少ない。

よって、この地域では十分に農ができないでいる。池溝を多く掘って民のなりわい（筆者補注：生業）を広めよ」

「よさみの池、かりさか池、さすりの池を造る」

・垂仁《すいにん》天皇（第一一代）

「河内にたかいしの池、ちぬの池、大和にさきの池、とみの池を造る。諸国に命じて、多くの池溝を掘らせる。その数八百。これによって、百姓は豊かに富んで天下は太平であった」

以下、景行《けいこう》天皇（第一二代）、応神《おうじん》天皇（第一五代）、仁徳天皇（第一六代）と同様の記述が続く。

日本は国土が急峻《きゅうしゅん》で雨水は海に流れてしまうので、大雨が降れば洪水、降らなければ日照りとなりやすい。これでは安定した農業は営めない。そのために人工の溜め池を各地に造って、洪水を予防し、渇水時に水を安定供給したのである。これによって農業生産が飛躍的に増大したこの時代は、最初の国土創成期とも呼べよう。わが国の国土づくりは、天皇の民のための祈りから始まったのである。

天皇の民のための祈りは、このように神話時代まで遡る皇室の伝統であった。

「おおみたから」と「一つ屋根」——建国の祈り

我が国の建国の理念には、皇室の民のための祈りが脈打っている。

■1．難波、浪速、浪華■

前節で松浦教授が指摘したように、皇室の祈りは神武天皇からすでに始まっている。言うまでもなく、神武天皇はわが国を建国した初代天皇であり、その民の幸せへの祈りが日本国の建国理念と深く関わりあっている。本編では、神武天皇の足跡を『古事記』からたどって、そこに現れた建国の理念を偲《しの》んでみたい。

神武天皇の足跡は現代にも少なからず残っている。たとえば、難波、浪速、浪華などは大阪、および、その付近の古称である。作家・日本画家の出雲井晶《いづもいあき》さんの著書『教科書が教えない神武天皇』（扶桑社）には、これらの地名のいわれが紹介されている。

播磨灘《はりまなだ》をこえ明石海峡《あかしかいきょう》をすぎると、潮《しお》の流れがはげしく速くなってきました。ふたつの大きな河が合流《ごうりゅう》して海にそそいでいます。

その河の流れと海の潮がぶつかり、うかうかすると櫂《かい》をとられてしまいます。（中略）「波の流れの速いところです。まさに波速国《なみはやのくに》」（中略）また浪が急なために、波しぶきが華のように飛び散りましたから、浪華《なみはな》ともいいました。今の大阪難波《なんば》はこれがなまったのだといわれています。

これが、今からおよそ二千六百余年前に、神武天皇（崩御《ほうぎょ》された後におくられたお名前で、生前はカムヤマトイワレビコノミコト。以下は、神武天皇と呼ぶ）が日向《ひゅうが》を出発して浪速国に上陸する際の光景として『古事記』や『日本書紀』が伝えている内容である。

2．ご生誕——宮崎県高原町狭野

出雲井さんは、この本を書くために、神武天皇の、日向から大和への道筋をすべてたどられた。この本には、『古事記』や『日本書紀』に記された地名や、遺跡、神社などのいわれが数多く紹介されている。そのうちのいくつかを紹介してみよう。

宮崎県高原《たかはる》町狭野《さの》は宮崎市の真西四〇キロほどにある。神武天皇はこの地でお生まれになったので、ご幼名は狭野命《さののみこと》と申し上げる。

ここにある小高い丘の中ほどに、一メートルほどの高さの石で囲われた場所がある。土地の人々はここを、神武天皇のお生まれになった地として、この石には牛も馬もつないだりせず、今も幣《へい》（神前に供える麻・木綿などの布）を立てて、神聖な場所としている。
神武天皇は、ここから、

東方はまだ国神《くにつかみ》と称する酋長《しゅうちょう》が勢力《せいりょく》を争ってさわがしいと聞きます。四方を青い山にかこまれた大和《やまと》が大八島《おおやしま》（＝日本）の中心です。天照大神《あまてらすおおみかみ》の思召《おぼしめ》しである、この国のすべての人々を安らいで、ゆたかにくらせるようにするには、みやこを大和におくのがよいと思います。

（出雲井晶著『教科書が教えない神武天皇』扶桑社より）

と言われて、出発された。

■3．船出―宮崎県美々津■

神武天皇が船出をされたのは、日向市にある美々津《みみつ》港からであった。地元の人々は、船出をするご一行のために、あんこ入りだんごを作ろうと準備をしていた。ところが深夜の二時頃、ちょうど良い風向きとなったので、急遽、出発することとなった。

人々は「起きよ、起きよ」と家々の戸を叩いて回った。だんごもあんを包んでいたのでは間に合わないので、うすにあんも一緒に投げ込んで作った。これが今も当地に伝わる「搗入《つきれ》だんご」、あるいは「お船出だんご」である。

また、この地では、陰暦八月一日の夜、子どもたちが、竹ざさに短冊をつけたのを持って、家々の戸を「起きよ、起きよ」と叩いてまわる「起きよ祭り」が今も行われている。

神武天皇の船団は、七つばえ島と一つ神島の間を通って出航された。美々津港の漁師たちは、ここを「御船出の瀬戸」と呼び、決して通らないようにしている。

4. 大分、福岡、広島、岡山、大阪、和歌山

その後、ご一行は、宇沙《うさ》（大分県宇佐市）に上陸し、陸上を耶馬渓《やばけい》、福岡県飯塚市を通って、芦屋港あたりから再度、船出をされる。

そこから阿岐国《あきのくに》（広島）、吉備国《きび》（岡山）を通られて、浪速国にたどり着かれたわけである。そこで、土地の一族と戦って苦戦し、紀伊国（和歌山）熊野を迂回されて、吉野から大和に入られた。

この何年にもおよぶ東遷《とうせん》の間、各地で長期間留まり、土地の人々に農業や漁業、塩造りなどを教えながら、次の行程の準備をされた。この時のいわれが、各地に地名や神社、行事、

物産となって残されている。これらの地方に縁のある方は、出雲井さんの本を読まれると面白いだろう。

■5．『古事記』や『日本書紀』はでっちあげ？■

「『古事記』や『日本書紀』は、大和朝廷がその支配を正当化するためにでっちあげたものだ」。筆者自身が大学生の時、こんなことを言っていた。これはこれで、理論的にはありうる仮説だ。

たとえば、神武東遷をでっちあげだと言うためには、当時の権力者が、浪速という地名を考え出し、お船出だんごを考案し、「起きよ祭り」を創作し、「御船出の瀬戸」の迷信を地元民に吹き込んだと考えるのも一法であろう。

しかし、こういう大がかりなフィクションを、日向から大和までの津々浦々《つづうらうら》で行うためには、全国規模の高度な国家統治機構が必要だ。そのような国家がいつ頃、誰によってつくられたのか、と問われれば、結局、その国家を建設した初代の天皇がいた、という他はない。話はもとに戻ってしまう。

丹念に神武東遷にまつわる事実を拾い集めた出雲井さんの姿勢に比べれば、何の根拠もなく「大和朝廷のでっちあげだ」などと得意げに言っていた自分自身のあさはかさに顔が赤らむ思いがする。

『古事記』には、皇室に都合の悪い記事も書かれているし、『日本書紀』には「一書《あるふみ》に曰《いわ》く」と、多くの異説を併記している。『古事記』や『日本書紀』をまとめた人々の態度は、遠い過去の自分たちの先祖の足跡をできる限り、正確に思い出してみようという姿勢だったと思われる。出雲井さんの姿勢も同じである。

『古事記』や『日本書紀』を神話だとか、皇室の政治宣伝だと切り捨てて、そこに込められている国家の理想を無視するという態度は、キリストが七個のパンと少しばかりの小さな魚で四千人の群衆の空腹を満たしたという逸話から、聖書を神話だとか宗教宣伝だと切り捨てて、キリスト教の理想を無視するのと同様の野蛮な態度なのである。

■6.「おおみたから」と「一つ屋根」の祈り■

神武天皇は、たどり着かれた畝傍《うねび》山の東南の橿原《かしはら》の地に都をつくろうと、詔を出される。出雲井さんの本から、美しい現代語訳の一部を引用させていただく。

このうえは、天照大神のお心にそうように、大和の国のいしずえをしっかりしたものにするように、おたがいにゆたかな心をやしないましょう。人々がみな幸せに仲よくくらせるようにつとめましょう。天地四方《てんちしほう》、八紘《あめのした》にすむものすべてが、一つ屋根の下の大家族のように仲よくくらそうではないか。なんと、楽しくうれしいことだろうか。（同前）

注目したいのは、この詔の原文では、民を「おおみたから」（大御宝）と訓じていることである。民は天照大神から依託された大切な宝物だという思想である。

この詔のなかに、八紘一宇《はっこういちう》（あめのしたのすべての人々が一つ屋根の下に住む）という言葉が出てくる。よく日本帝国主義のスローガンであるかのように紹介される言葉である。しかし、この言葉は明治天皇の「よもの海みなはらから（同胞）」と言われた言葉と通じている。明治天皇が「敵軍の死傷は多数でございました」との奏上にお顔を曇らせたこと、そして昭憲皇太后が「人類の幸福と平和に寄与する」との趣旨から「Empress Shoken Fund」の基金を寄付された国境を越えた仁慈《じんじ》は、この精神の表れである。

わが国は、「大御宝《おおみたから》」が「一つ屋根」のもとで仲良く暮らすことを理想として、建国されたのである。

「鏡」の象徴するもの

皇室の祈りは、すべての生きとし生けるものは「神の分けいのち」であるという日本古来の生命観に根ざしている。

■1．魏の使いが見た古代日本■

神武天皇にたどり着き、ここから先は神話そのものの世界に入るが、神武天皇の掲げた理想は、日本神話に現れた生命観から自然に生み出されたものであると考えられる。

まず、日本の神話時代の人々の姿を記した中国の史書から見てみよう。

西暦二八〇年から二八九年に書かれたと言われる中国の『三国志』の「魏《ぎ》志《し》東《とう》夷《い》伝《でん》」の中に、古代日本にやってきた魏の使いが見て帰った日本見聞記がのっているという（森清人著『建国の正史』錦正社）。

当時の日本は、家はひろびろとして、父母や兄弟は、それぞれ自分のへやでやすんでいた。

人々は物ごしがやわらかで、人をみると手を搏《う》って拝んであいさつをした。古代の日本人は、ことばを伝え事を説くにも、踏《うづく》まったり脆《ひざま》づいて恭敬な態度であった。当時の日本人は長生きで、普通百歳、あるいは八、九十歳だった。心が豊かに楽しく暮らしていれば、人々は長生きで君子不死の国だ（中略）。婦人は婬せず男女の道も正しく行われ、盗みをする人もいない。だから争いも少ない（原文は省略）。

（出雲井晶著『今なぜ日本の神話なのか』原書房より）

■2．日子《ひこ》と日女《ひめ》■

『三国志』と言えば、魏《ぎ》の曹操《そうそう》、呉《ご》の孫堅《そんけん》、名軍師・諸葛亮孔明《しょかつりょうこうめい》を配下に持つ蜀《しょく》の劉備《りゅうび》の三者が鼎立《ていりつ》して、激しい戦いを繰り広げた時代だ。そのような戦乱止むことなき中国からやってきた魏の使いから見れば、当時の日本はまことにのどかな、平和な国だったのだろう。

ここで「人をみると手を搏って拝んであいさつをした」とあるが、これは現代の我々が神社の社頭で柏手を打って拝むのと同じである。古代の日本人は、それをお互いの挨拶として用いたという。なぜか。

すべての人は神のいのちの分けいのちであるから命《いのち》とかいて命《みこと》と呼びあった。男は日子《ひこ》

＝彦であり、女は日女《ひめ》＝姫であった。つまり、太陽神である天照大神《あまてらすおおみかみ》のむすこであり、むすめであるとみたのである。（同前）

天照大神は天上の神々の世界、高天原《たかまがはら》の主神であり、かつ皇室の祖神として伊勢の神宮に祀られている。古代の我々の先祖は、お互いに柏手を打って、相手の命の中に生きる天照大神の「分けいのち」を拝んでいたのである。言葉を聞くのにも「踏《うづく》まったり脆《ひざま》づいて恭敬な態度であった」というのも、お互いの言うことを神様の言葉として聴いていたからだろう。共に天照大神の「分けいのち」ということから、お互いのいのちのつながりも、当然意識されただろう。未成年がゲーム感覚で殺人をしたりする現代日本に比べれば、なんとも荘厳な人間観だ。「争いも少なく」、「心が豊かに楽しく暮らし」というのも当然だろう。

■3．すべては「神の分けいのち」■

すべてが「神の分けいのち」というのは非科学的な迷信だろうか？　現代の分子生物学では、人間の遺伝子情報は三〇億もの配列を持つＤＮＡによって保持され、それが子々孫々に伝えられ、その情報に従って人体が形成されていく、とされている。しかも、すべての生命は同じ構造のＤＮＡを持っている。ＤＮＡを「分けいのち」と考えれば、日本神話の生命観は現代の最先端の科学とも通ずるものである。

古代人は、ものをただの物体とは見なかった。そして、すべてを神のいのちの現われ、神の恵みと視た。すべてのものに神の命を視たからこそ、ありとあらゆるものに神の名をつけた。例えば、小さな砂つぶにさえ石巣比売神《いわすひめのかみ》、木は久久能智神《くくのちのかみ》、山の神は大山津見神《おおやまつみのかみ》というように。それぞれにふさわしい名がつけられている。それがのちに、「神話」の中でも、ありとあらゆるものが生き生きとした神の名をつけられて出てくるのだ。（同前）

「生きとし生けるもの」は「神の分けいのち」という生命観は、日本人の文化伝統の中で今も息づいている。拙著『世界が称賛する 日本人が知らない日本』（育鵬社）でも紹介したが、代々法隆寺に仕えた宮大工・西岡常一氏はこう語っている。

木は物やありません。生きものです。人間もまた生きものですな。木も人も自然の分身ですがな。この物いわぬ木とよう話し合って、命ある建物に変えてやるのが大工の仕事ですわ。木の命と人間の命の合作が本当の建築でっせ。

（西岡常一著『木のいのち木のこころ（天）』草思社より）

わたしたちはお堂やお宮を建てるとき、「祝詞《のりと》」を天地の神々に申し上げます。その中で、「土に生え育った樹々のいのちをいただいて、ここに運んでまいりました。これからは、この樹々たちの新しいいのちが、この建物に芽生え育って、これまで以上に生き続けることを祈り上げます」という意味のことを、神々に申し上げるのが、わたしたちのならわしです。

（西岡常一・小原二郎著『法隆寺を支えた木』ＮＨＫブックスより）

私たちは食事の時、「いただきます」と言って手を合わせたりする。ここにも、私たちの知らないうちに、すべては「神の分けいのち」という日本人の伝統的な生命観が潜んでいる。「いただきます」という言葉は、食事を与えてくれた人への感謝ではない。なぜなら、働いて食事を与えてくれている父親も同様に「いただきます」と言う。また、食事を作ってくれた母親への感謝でもない。母親も同様に「いただきます」と手を合わせるからだ。

「いただきます」とは、食材となった穀物や野菜や魚や家畜に対して言っているのである。これらの食材はすべて「命」を持っていた生き物である。食事に際して、我々は「生きとし生けるもの」の命をいただいて、それを我々の命の糧としている。その感謝の気持ちが「いただきます」なのである。そして、その食材の命に対して手を合わせる。神前で手を合わせるのと、同じ所作である。

出された料理を無駄にすることは、我々は「勿体《もったい》ない」と罪悪感をもつ。「勿体ない」とは、「物体」すなわち、「物の本来の姿」が失われたことへの申し訳ない気持ちである。食材をいただく以上、その命は、本来、我々の命としなければならない。その命を奪いながら、無駄にして、我々の命として役立てることができなかったことへの罪悪感なのである。

このように、すべては「神の分けいのち」という生命観は、現代の日本人の生活にも脈々と息づいているのである。

■4. 太陽の無限の慈しみ■

人間を含めたすべての生きとし生けるものを生かしているのが太陽である。

朝になれば太陽が上がって万物を照らし、鳥がさえずり始める。春になれば山の雪が解けて、草木が芽生え、動物たちも動き出す。我々の祖先は、すべての生きとし生けるものは、神の「分け命」として、その無限の恵み、慈しみによって生かされている。それを実感し、そこから湧き上がる畏敬と感謝、喜びが我々の先祖の信仰の中心にあったのでしょう。（同前）

太陽に対する感謝と喜びの心は、近代の日本人にまで脈々と伝えられてきた。明治二三（一八九〇）年に来日したラフカディオ・ハーンは、出雲の地に一年余り住み、そこで次のような光景を記録している。

それから今度は私のところの庭に面した川岸から柏手《かしわで》を打つ音が聞こえて来る。一つ、二つ、三つ、四つ。四回聞こえたが、手を打つ人の姿は灌木の植え込みにさえぎられて見えない。しかし、それと時を同じゅうして大橋川の対岸の船着き場の石段を降りて来る人たちが見える。男女入り混じったその人たちは皆、青い色をした小さな手拭《てぬぐい》を帯にはさんでいる。彼等は手と顔を洗い、口をすすぐ。これは神式のお祈りをする前に人々が決まってする清めの手続きである。それから彼等は日の昇る方向に顔をむけて柏手を四たび打ち、続いて祈る。長く架け渡された白くて丈の高い橋から別の柏手の音がこだまのようにやって来る。また別の柏手がずっと向こうの三日月のようにそり上がった華奢《きゃしゃ》な軽舟からも聞こえて来る。それはとても風変りな小舟で、乗り込んでいるのは手足をむき出しにした漁師たちで、突っ立ったまま黄金色《こがねいろ》に輝く東方にむかって何度も額《ぬか》ずく。今や柏手の音はますます数を加える。パンパンと鳴るその音はまるで一続きの一斉射撃かと思われるほどに激しさを増す。と言うのは、人々は皆お日様、光の女君《めぎみ》であられる天照大神にご挨拶申し上げているのである。

「こんにちさま。日の神様、今日も御機嫌《ごきげん》麗しくあられませ。世の中を美しくなさいますお光り千万《せんまん》有難う存じまする」

たとえ口には出さずとも数えきれない人々の心がそんな祈りの言葉をささげているのを私は疑わない。

（小泉八雲著 平川祐弘編『神々の国の首都』講談社学術文庫より）

ハーンのこの文章は「神々の国の首都」と題されている。

ハーンは、母国ギリシャの神殿がすでに廃墟になっているのに対し、八百万《やおよろず》の神々が庶民の生活の中に生きている日本の光景に驚かされ、深く心を奪われたのだろう。

■5．「太陽さんと一緒にあかるく生きていますか」■

ハーンの文章にある「こんにちさま。日の神様」の「こんにちさま」とは「太陽」を意味していた。境野勝悟《さかいのかつのり》氏は著書『日本のこころの教育』（致知出版社）でこう説明している。

いまでも、太陽のことを「今日様」と呼ぶ地方はたくさんあります。高知の土佐では「こんにちさん」、新潟の刈葉では「こんにっさん」、岐阜ではこれがなまって「コンニッツァマ」と呼びます。これらはいずれも太陽の意味なのです。

夏目漱石の小説『坊っちゃん』の中にも、

「そんなことをしたら今日様《こんにちさま》（太陽）へ申し訳ないがなもし」

というようなセリフがありますね。


この「今日様」が、現代の挨拶で使われる「今日は」の語源だという。

昔は、どの地方でも太陽のことを「今日様」と呼んだのですから、

「今日は」

という挨拶は、

「やあ、太陽さん」

という呼びかけであったのです。（同前）

「今日は」の後に「お元気ですか」と続けるのが、昔の挨拶だった。境野氏はこう続ける。

「元気ですか」の元気とは、元《もと》の気《エネルギー》という意味ですから、太陽の気《エネルギー》をさすことになり

ます。つまり、「今日は、元気ですか」とは、あなたは太陽のエネルギーが原因で生きている身体だということをよく知って、太陽さんと一緒にあかるく生きていますか、という確認の挨拶だったのです。

それを受けて、

「はい、元気です」

と答えます。つまり、

「はい、太陽さんと一緒に元気に生きていますよ」

と応答するわけです。（同前）

何のことはない。一七〇〇年以上前に魏の使いが見た「人をみると手を搏《う》って拝んであいさつをした」という姿は、現代の「こんにちは」という挨拶につながっているのだ。「さようなら」も同様の文脈で続く。

それから、

「さようなら（ば）、ご機嫌よう」

となります。

「機嫌」とは、「気分」とか、「気持ち」という意味です。したがって、「さようなら、ごきげんよう」の意味は、

「太陽さんと一緒に生活しているならば、ご気分がよろしいでしょう」

となります。


「今日は、お元気ですか」

「はい、おかげ様で元気です」

「さようなら、ご機嫌よう」


これが、わたくしたちの挨拶の基本だったのですね。（同前）

「今日は」も「さようなら」も、現代の我々は意味もわからず使っているが、もともとは互いを太陽の分け命とする荘厳な人間観に基づく挨拶であったのである。

「おかあさん」の語源も太陽だったと境野氏は説く。「おかあさん」は、古くは「カカさま」と言ったり、庶民は「おッカァ」と呼んだ。また一家の主人は「うちのカミさん」とか「うちのカカア」と呼んだ。

「カ」は古い言葉では「カカ」といいました。もっと古い言葉では「カアカア」といった。さらに古い言葉では「カッカッ」といったんです。「カカ」「カアカア」「カッカッ」。これが「カ」となるんですね。「ミ」というのは、わたくしたちの身体という意味です。（中略）「カッカッ」というのは、太陽が燃えている様子を表す擬態語でした。（中略）「カアカア」「カカ」という音も同様です。つまり、わたくしたちの体、わたくしたちの命は太陽の命の身体であるということを、「日・身（カミ）」（太陽の身体）と言ったんです。（同前）

母親は明るく温かく子どもを産み育て、一家の世話をしてくれることから、太陽そのものだ、ということで「お日身（カミ）さん」と呼ばれるようになった。それが「カカさま」や「おっカア」や「おかあさん」になった。日本の子どもは母親を「太陽さま」と呼んで敬っていたのである。

ちなみに父親は「トト様」で、「(太陽のように）尊い人」という意味である。ただ「カカ（太陽）様」「お日身（カミ）さん」の存在感に比べると、やや抽象的で影が薄い。天照大神が女性神であったように、日本の古代の家庭は女性が中心だったのである。

6．天照大神の与えた使命

この太陽を、我々の祖先は天照大神として拝んだ。地球上のすべての生きとし生けるものが生きていけるのは、太陽の発する明るさと暖かさのお陰なのだから、我々の祖先の自然観は、まさに現代科学の宇宙観に近い。

天照大神は稲や麦、粟《あわ》、稗《ひえ》などを見つけたとき、「是の物は、顕見《うつ》しき蒼生《あをひとくさ》の、食《くら》ひて活くべきものなり」（これらのものは現実世界に生きている民が食べて生きていくべきものだ）と喜んだ。そして自ら、稲を天狭田《あまのさなだ》及び長田《ながた》に植《う》えた。

天照大神は民の食べ物が見つかったことを喜び、自ら労働して、それらの穀物を植えたのである。まさに母親が喜んでわが子を養い育てるような慈愛を示している。

さらに天照大神は孫の天津日高日子番能瓊瓊杵尊《あまつひこひこほのににぎのみこと》（天の高い所からにぎわしい恵みをゆきわたらせる日の御子）に「宜しく爾皇孫《いましすめみま》、就《ゆ》きて治《しら》せ」と命じて、高天原から地上の豊《とよ》葦原水穂国《あしはらみずほのくに》（日本）に下らせた。

古代日本語での「しらす（知らす、治らす）」は、「領《うしは》く（領有する）」とは厳格に区別され、「天皇が鏡のような無私の御心に国民の思いを映し、その安寧を祈る」という意味であった。すなわち、地上の生きとし生けるものが幸せに暮らせるように、との使命を与えて、地上に天下らせたのである。

■7．三種の神器■

その際に、天照大神は「三種の神器《じんぎ》」を授けた。

神器の一つは「八咫鏡《やたのかがみ》」。この鏡は私心のない澄みきった神の叡智《えいち》の象徴であり、まず自分の心を映して、そこに私心がないか省みよ、との教えが含まれている。

第二の「八尺瓊勾玉《やさかにのまがたま》」は、ヒスイやメノウなどをオタマジャクシの形に磨いたもので、これらに穴をあけ、糸でつないで飾りにしていた。すべての人はこの玉飾りのように一つの命で結ばれていることを暗示し、豊かな慈しみを象徴していた。

第三の「草薙太刀《くさなぎのたち》」は、須佐之男命《すさのおのみこと》が、八岐の大蛇《やまたのおろち》を退治した時に、その体内から出てきたもので、天照大神に献上された太刀だ。八岐の大蛇、すなわちこの世の悪と戦う勇気の象徴である。

このように天照大神は、無私の叡智、万人に対する慈しみ、悪と戦う勇気を御孫に授け、地上での国家建設を命ぜられたのである。

天照大神は特にこの鏡について、以下の神勅《しんちょく》を与えた。

吾が児この宝鏡を視まさんこと、当に吾れを視るがごとくすべし、与に床を同じくし殿《みあらか》を共にして、以て齋鏡《いはひのかがみ》と為すべし。

（天孫よ、この宝鏡を視るのは大神を視ることに他ならない。常に同じ住居に一緒に在ることで、そのように努めなさい）

（荒井桂著『山鹿素行「中朝事実」を読む』致知出版社より）

子が鏡を見れば、そこに映るのは子自身の顔である。しかし、そこに親である自分の顔を見よ、とは、どういう意味か。

すなわち、歴代の天皇は常に鏡を見て、天照大神の民への慈愛を思い出し、自分がそれを継承しているのかを自省しなければならないということである。

8. 皇室のご先祖のお祭り

前編で述べたように、天照大神から与えられた使命を果たすべく、神武天皇は「おおみたから」が「一つ屋根」のもとで仲良く暮らせるよう、わが国を建てた。その四年の後、神武天皇はそのような国ができたことを神々に感謝している。

私の先祖の神々は、天からお降りになり、私を見守りつづけてくださり、ずっと私を助けてくださいました。今、さまざまな反乱は平定され、天下は、なにごともなく治まっています。そこで私は、天の神々をお祭りして、先祖の神々に大きな孝行をしたいと思います。

（松浦光修著『日本は天皇の祈りに守られている』致知出版社より）

そして、祭壇を大和の国の鳥見山のなかに設置され、先祖の神々のお祭りをされた。これが現在も続く「皇室祭祀」のはじまりと言われている。

したがって天皇が先祖の神々に「孝行」をするということは、「民が幸福に暮らせる国を作りなせ」という先祖神から与えられた使命を受け継ぐことなのである。

ここで思い出されるのが、前章で紹介した、終戦の前夜、自刃《じじん》の前に挨拶に訪れた阿南《あなみ》陸相に鈴木貫太郎《かんたろう》首相が語った次の言葉である。

日本のご皇室は絶対に安泰ですよ。陛下のことは変わりません。何となれば、陛下は春と秋とのご先祖のお祭りを熱心になさっておられますから。

（半藤一利著『聖断――天皇と鈴木貫太郎』文春文庫より）

先祖のお祭りを熱心にされるということは、ご先祖から与えられた民のために祈る、という使命を果たそうとすることである。天皇のこのご姿勢が続く限り、国民はそれをお助けしようと、それぞれの立場で国家国民のために尽くす。これは日本の国家として本来の姿であって、それは米軍の空襲で国土が焦土となっても、昭和天皇の戦後のご巡幸《じゅんこう》（拙著『世界が称賛する 日本人が知らない日本』育鵬社）にも見られるように変わらなかった。

わが国は、民を「大御宝《おおみたから》」とし、「一つ屋根」のもとで仲良く幸せに暮らせることを理想として建国された。祖先の祭りを通じて、その使命を日々新たにし、その実現を祈ることが、天皇の最も大切なお勤めなのである。一二五代の歴代天皇は、この万世一系《ばんせいいっけい》の聖なる祈りを継承されてきたのであった。

あとがき

■「誰かのために尽くせる強さと優しさを見習いたい」■

最近、ある大学で、日本文化の講義を始めました。文化論を抽象的に論じても単なる知識だけに終わってしまうと考え、「まえがき」でもご紹介した拙著『世界が称賛する 国際派日本人』をテキストにして、その中から一人の人物を取り上げ、グループで討議して発表する、という形式にしてみました。日本人らしい生き方をした立派な人々の足跡をたどることによって、日本文化を体感してもらいたいと思ったからです。

すると、大学生たちの若々しい心には感じるところが多かったようです。たとえば自衛隊のイラク支援活動に関して、ある女子学生はレポートで次のように書いていました。

自衛隊の存在を大きく感じた経験として、やはり東日本大震災が挙げられる。親族やなじみ深い地域が、一瞬の出来事でがらりと変わってしまった。なつかしい街並みも思い出の品物もすべてが変わってしまった。自衛隊は、人命の救出だけでなく、そういった思い出の救出も行った。これにより救われた人はどれだけいただろうか。想像しても足りないほどの大きな悲しみの中で、その思いやりや気遣いは何物にも代えがたいだろう。

「思い出の救出」とは、たとえば自衛隊が瓦礫《がれき》の中で見つけ出したアルバムなども泥を丁寧に拭《ぬぐ》って家族の手に戻した、というような行動を指すのでしょう。ある学校では先生方に懇願され、昼休みを返上して、泥に埋もれた金庫を取り出したというエピソードも聞きました。金庫には生徒の成績表が入っており、子どもをなくした親にとって、それは大切な遺品だからです。

レポートはこう続きます。

きびしい環境下で、救助する側も不安やストレスをかかえているのにもかかわらず、誰かのために尽くせる強さと優しさを見習いたい。自衛隊のような大きなことはできないが、身の回りのことや人を大切に過ごすよう心掛けたい。

これも自衛隊諸士の利他心が、彼女の心に伝染したのでしょう。利他心にあふれた先人の事績に触れて、自分も周囲の他者のために、小さなことでも何かしていきたいと語る学生は多くいました。

■「知られないのはもったいないこと」■

その後、彼女のレポートは大事な点を指摘します。

さらに、自衛隊のニュースはあまり報道されないということが授業で取り上げられた。たしかに海外派遣で何をしているのか、詳しいことは調べないかぎり耳に入らない。テキストであった心と心をつなぐような素晴らしい活動をしているのにもかかわらず、それが知られないのはもったいないことであるように思う。

自衛隊に限らず、皇太子殿下の水問題でのご活躍も、それ以外の『世界が称賛する 国際派日本人』に登場する人々もほとんど知らなかったことに、学生たちはとても驚き、なぜなのか、との質問が相次ぎました。

この女子学生は「素晴らしい活動をしているのにもかかわらず、それが知られないのはもったいないこと」と言っています。確かに「もったいない」ことです、世界にもたぐいまれな美しい国民性を持ちながら、それが知らされていないということは。これはまさに「日本人として知っておきたい」宝物なのです。

■「三方良し国家」への道■

利他心とは人間の本能に備わった特質なのではないか、と私は考えています。身近な例でも、電車の中でお年寄りに席を譲ったら、なんとなく嬉しい感じがするでしょう。アドラーの心理学はこれに近いことを述べている、と専門家の方に伺ったことがあります。

人間が群れをなして暮らす動物であった以上、利他心はグループ全体の生存のために必要なことです。それゆえに進化の過程で、利他心が人間の本能にビルトインされたと考えれば、極めて合理的な仮説のように思えます。とすれば、利他心を発達させることは自己実現の一つのステップとして、幸福に至る道なのではないかと考えられます。

皇太子殿下のご活躍も自衛隊諸士の奮闘も伝えようとしないわが国の報道や教育は、そのような自己実現への道を塞《ふさ》いでいる、という意味で、現代風に言えば国民の「人権」を奪っていると言えるでしょう。

皇室の祈りは、周囲の人々の利他心を引き出し、自己実現による幸福への道を指し示します。その利他心を受けて助けられた人々も当然、幸せに近づきます。そのような利他心が満ち溢れることで、世間全体も幸福なものとなっていきます。いわば利他心は、「自分良し、相手良し、世間良し」の「三方良し国家」を実現する原動力なのではないでしょうか。とすれば、国家の中心に皇室の祈りを戴《いただ》くわが国は「三方良し国家」へのメカニズムがすでに備わっている、と言えましょう。

折しも、今上陛下から皇太子殿下へのご譲位が平成三一年四月三〇日と決まりました。殿下は初代神武《じんむ》天皇から数えて、一二六代目の天皇となられます。まさに「万世一系《ばんせいいっけい》」の奇跡を我々は目の当たりにしているのですが、一二六代という結果そのものよりも、なぜかくも長く皇室が続いてきたのか、ということをよく考えなければなりません。

いや、皇室は自然現象のように勝手に「続いてきた」のではありません。代々の日本人が皇室を必死に「お守りして」きたのです。我が先人たちの中に皇室の祈りを尊いものと感ずる人々が少なからずいて、なんとか皇室を護持してきたのです。

国家の中心に利他の祈りがあることの有り難さは、中国と比べてみるとよくわかるでしょう。中国の代々の王朝は、時には無私の皇帝もいましたが、多くの場合、国家を私物化し、国民を搾取《さくしゅ》の対象としてきました。国家の中心に巨大な利己心があったのです。現代の中華人民共和国もこの伝統を引き継いでいるようです。

利他心と同様、利己心も伝染します。皇帝が国家を食い物にして蓄財に励めば、官僚も真似して人民を搾取します。やがて怒った民衆が反乱を起こし、その中から次の権力者が登場します。

中国の王朝が数百年ごとに戦乱の中で入れ替わってきたのと、わが国の「万世一系」との違いは、国家の中心に利己心があるのか、利他心があるのかの違いでしょう。どちらの国家が国民にとって幸せであるかは、言うまでもありません。我々日本人が「国家の中心に利他心のある国」に生まれたのはまさに偶然なのですが、その幸運をただ有り難く思うのみです。

上述の学生は「身の回りのことや人を大切に過ごすよう心掛けたい」と書いてくれました。何も偉大なことを成し遂げなければならない、ということではありません。その「一隅《いちぐう》を照らす」姿勢を持って、多くの国民が「万燈《ばんとう》のように」周囲を照らし続けていくことによって、「利他心を中心に戴く三方良し国家」に近づいていくでしょう。それがこの美しい国柄を残してくれた先祖へのご恩返しであり、また子孫への責務であると思われます。

最後になりましたが、育鵬社編集長の大越昌宏氏には、今回の出版に際しても企画から完成までお世話になりました。この紙面をお借りして、厚く御礼申し上げます。

平成二九年一二月二五日
復興の進んだ宮城県松島の美しい景観を嬉しく眺めつつ

伊勢 雅臣

【著者略歴】
伊勢雅臣（いせ・まさおみ）
創刊21年の「まぐまぐ！」殿堂入りメールマガジン『国際派日本人養成講座』編集長。「クール・ジャパン」の草分け的存在として、明日の日本を背負う国際派日本人5万1千人を育てている。昭和28（1953）年東京生まれ。東京工業大学社会工学科卒。製造企業に就職。社員留学制度によりアメリカのカリフォルニア大学バークレー校に留学。工学修士、経営学修士（MBA）、経営学博士（Ph.D.）となる。社業のかたわら、日本国内の私立大学の商学部・工学部で非常勤講師として「産業界の偉人伝」を講義し人気を呼ぶ。平成22（2010）年、海外子会社の社長としてヨーロッパ赴任。ドイツ、イギリス、フランス、イタリア、ポーランド、モロッコなどを多数訪問。平成26（2014）年より3年間、現地法人社長としてアメリカ勤務。平成29（2017）年より、国内にて執筆、講演活動に従事。国民文化研究会会員。著書に『世界が称賛する 日本人が知らない日本』『世界が称賛する 国際派日本人』『世界が称賛する 日本の経営』『世界が称賛する 日本の教育』（いずれも育鵬社）がある。

日本人として知っておきたい 皇室の祈り

発行日　2018年2月11日　初版第1刷発行

著　者　伊勢雅臣
発行者　久保田榮一
発行所　株式会社　育鵬社
〒105-0023　東京都港区芝浦1-1-1　浜松町ビルディング
電話03-6368-8899（編集）http://www.ikuhosha.co.jp/
株式会社　扶桑社
〒105-8070　東京都港区芝浦1-1-1　浜松町ビルディング
電話03-6368-8891（郵便室）
発　売　株式会社　扶桑社
〒105-8070　東京都港区芝浦1-1-1　浜松町ビルディング
（電話番号は同上）
本文組版　株式会社　明昌堂
印刷・製本　サンケイ総合印刷株式会社

定価はカバーに表示してあります。

ISBN 978-4-594-07903-1
本書のご感想を育鵬社宛てにお手紙、Eメールでお寄せください。
Eメールアドレス　info@ikuhosha.co.jp